张彦波 杨宏伟 ◎ 著

新常态下的宏观质量管理应用与实践

XIN CHANGTAI XIA DE
HONGGUAN ZHILIANG GUANLI
YINGYONG YU SHIJIAN

中国财经出版传媒集团

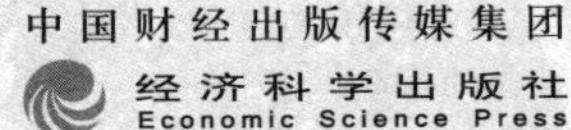

图书在版编目（CIP）数据

新常态下的宏观质量管理应用与实践/张彦波，杨宏伟著．—北京：经济科学出版社，2017.9
ISBN 978-7-5141-8642-0

Ⅰ.①新… Ⅱ.①张… ②杨… Ⅲ.①质量管理-研究 Ⅳ.①F273.2

中国版本图书馆 CIP 数据核字（2017）第 275747 号

责任编辑：刘明晖 李 军
责任校对：王肖楠
责任印制：王世伟

新常态下的宏观质量管理应用与实践
张彦波 杨宏伟 著
经济科学出版社出版、发行 新华书店经销
社址：北京市海淀区阜成路甲 28 号 邮编：100142
总编部电话：010-88191217 发行部电话：010-88191522
网址：www.esp.com.cn
电子邮箱：esp@esp.com.cn
天猫网店：经济科学出版社旗舰店
网址：http://jjkxcbs.tmall.com
北京中科印刷有限公司印装
710×1000 16 开 13 印张 220000 字
2017 年 12 月第 1 版 2017 年 12 月第 1 次印刷
ISBN 978-7-5141-8642-0 定价：46.00 元
（图书出现印装问题，本社负责调换。电话：010-88191510）

前　言

认识新常态，适应新常态，引领新常态，是当前和今后一个时期我国经济发展的大逻辑。“新常态”本质上是由过去的状态向一种新的相对稳定的常态的转变，是一个全面、持久、深刻变化的时期，是一个优化、调整、转型、升级并行的过程。从速度层面看，经济增长速度从高速增长转为中高速增长，经济增长的质量和内涵发生质的变化；从结构层面看，经济结构发生全面深刻变化，不断优化升级；从动力层面看，经济发展从要素驱动、投资驱动转向创新驱动；从风险层面看，生态环境和一些不确定性风险将进一步显现。

未来一段时期，我们必须坚持稳中求进的工作总基调，积极适应新常态，既要保持战略上的平常心态，稳妥应对各种不确定性因素带来的冲击，又要在战术上主动作为。习近平总书记在河南考察中指出，适应经济发展新常态，根本出路在于“推动中国制造向中国创造转变、中国速度向中国质量转变、中国产品向中国品牌转变”。李克强总理在中国质量大会上指出，提升质量是中国发展之基、兴国之道、强国之策。新一届中央领导和政府对质量工作的重视度提升了一个新的高度。由此可见，质量是打造经济升级的关键所在。长期以来支持经济增长的传统优势正在减弱，经济要想快速发展，就必须在提升经济发展质量上下功夫，以质量的提升对冲速度的放缓，把经济社会发展推向质量时代。

作为一个资源型大省，山西省质量发展仍然面临着许多困难和挑战，正处在经济转型升级“爬坡过坎”的关键时期，更需要积极抓住质量发展的良好机遇，主动适应新形势新常态，大力实施“质量强省”战略，坚持不懈地抓好质量工作改革创新、质量安全监管等各项工作，着力提升质量总体水平，努力探索出一条质量创新发展的新路子，推动全省经济社会在新常态下迈上新台阶。

一要加快实施“质量强省”战略。围绕这条主线，认真谋划今后一个时期全省质量发展工作，切实将“质量强省”战略纳入全省国民经济和社会发展“十三五”规划，坚持做到以规划促落实。要加快建立现代市场治理体系，依法加强质量安全监管，加强质量发展技术基础设施建设，深入实施品牌和标准战略，有效实施质量提升活动，加快建设“质量强省”。要紧密结合国家新时期质量发展的一系列部署和要求，制定和完善各地区各部门各行业质量发展的具体规划、政策措施和工作意见，加强政策引导，强化督促考核，紧紧围绕贯彻落实《质量发展纲要》目标任务，严格对照山西省贯彻落实质量发展纲要年度行动计划和质量工作考核的目标要求，推动质量工作全面落实。

二要落实政府和企业的主体责任。提高质量，归根结底要靠企业。要着力提高从业人员素质技能，大力开展质量技术创新，加快技术改造步伐，努力打造一批技术领先、质量过硬的名牌产品。要积极推广先进管理方法，不断加强质量管理体系建设，建立企业“首席质量官”制度，利用市场作用倒逼企业强化质量管理，严格质量标准，促进企业质量水平全面提升。同时，各级各部门要严格实施质量安全监管，加强质量安全风险研判和监督抽查，加强事中事后监管，进一步整合资源，推行综合联动执法，保持打假治劣的高压态势，突出民生质量安全重点领域。要加快质量诚信体系建设，营造良好的市场发展环境。

三要夯实质量发展基础。各级政府要加大对质量发展的投入力度，重点保障标准体化体系、质量监督抽查、风险监测、质量奖励等工作经费和奖励投入，发挥资金引导带动作用。要坚持把提高产品和服务标准作为推动经济体质增效升级的关键举措来抓，深入推进山西名牌产品培育、驰名商标认定、质量奖等活动。积极制订本地区、本部门实施标准化发展战略的具体方案，初步形成结构合理、内容完善，涵盖农业、工业、服务业及社会管理和公共服务等领域，适应山西省经济社会发展的标准化发展体系。要加强检验检测平台建设，加快建成一批国家级和省级质检中心，开展检验检测认证结果和技术能力国际互认，积极深入推进检验检测认证机构改革和整合，加快发展重点领域第三方检验检测认证服务，着力培育一批技术能力强、服务水平高、规模效益好的检验检测认证集团，形成集团优势，增强市场竞争力，助推和形成山西省第三产业新的增长点。

四要构建齐抓共治的良好格局。一是健全完善质量工作协调机制。要把质量工作协调机制的健全完善作为抓质量发展的一项基础性工作，开拓思路，创新方式，努力建立大质量工作机制，进一步完善宏观质量管理体系，健全完善质量考核、质量激励等机制，严格质量工作责任，强化考核结果运用，深入推进全省质量发展战略。要充分发挥好省质量发展领导小组办公室的牵头协调作用，共同推进质量工作取得实效。二是健全完善质量法治机制。要坚持把质量工作纳入法治化轨道，大力推动质量立法进程，进一步健全质量安全监管法规制度，积极修订涉及质量准入方面法规条例，完善形成以地方标准为主体的具有山西特色的技术法规体系；要围绕简政放权，进一步明确权力清单、负面清单和责任清单，切实做到法无授权不可为、法无禁止即可为、法定职责必须为，努力形成质量法制健全、企业守法经营、政府依法监管的治理格局。三是健全完善质量社会共治机制，努力营造人人关心质量的良好氛围，全力助推经济社会发展迈向质量时代。

张彦波　杨宏伟

2017 年 12 月

目录

第一章

全国经济发展新常态对山西的影响分析

经济“新常态”是当前总结现阶段中国经济发展特征、前瞻未来发展走向的一个重要理论表述。中央将经济“新常态”上升到国家经济战略的高度，将对未来宏观经济政策和区域发展政策的选择产生极其深刻的影响，自然也为山西省经济发展带来严峻挑战和新的发展机遇。“新常态”的开始阶段，由于打破了既有的习惯和节奏，可能让我们觉得有些不适应。但在大转折时代，特别是对于山西省这样一个既需要主动调整，又不可避免地受客观影响的省份来说，正是转型发展的大好时机，我们要用建设性的心态去看待经济社会的发展。整个经济的发展，进入到新的阶段，我们所面临的困难和问题也是在新阶段上的问题，而不是过去低水平上的问题，其内涵和性质是不一样的。我们要更加彻底地相信市场的解决能力，相信市场经济的力量，拓展新思维，激发新动力，在观念上适应、认识上到位、方法上对路、工作上得力，努力做到换挡不失速、切换不止步、转型要加速，推动山西省经济行稳致远。

党的十八大以来，习近平总书记全面总结我国改革发展成功实践，提出许多富有创见的新思想新观点新论断新要求，丰富和发展了中国特色社会主义理论体系。特别是在 2015 年中央经济工作会议上，习近平总书记用对比的方法，全面系统深刻地分析了经济发展新常态带来的趋势性变化，明确提出“认识新常态，适应新常态，引领新常态，是当前和今后一个时期我国经济发展的大逻辑”。我们要准确把握经济发展新常态的丰富内涵和重要变化，清醒认识新常态下山西省经济发展面临的挑战与机遇，增强经济工作的自觉性和主动性。

第一节 经济发展新常态的由来和演进

一、国外新常态概念的由来和特征

“新常态”一词最早出现于2002年，美国经历“9·11”恐怖袭击之后出现的无就业增长的经济复苏和恐怖主义距离日常生活更近的状况。2010年美国太平洋投资管理公司总裁埃里安重提“新常态”概念，2014年埃里安再次对“新常态”归纳总结，用于描述金融危机爆发后全球经济缓慢而痛苦的恢复过程，其特征可概括为“三高一低”，即高失业、高通胀、高负债、低增长。

二、党中央对我国经济新常态的重要论断

2014年5月，习近平总书记在河南考察时首次提到“新常态”一词。他说，“我国发展仍处于重要战略机遇期，我们要增强信心，从当前我国经济发展的阶段性特征出发，适应新常态，保持战略上的平常心态。在战术上要高度重视和防范各种风险，早作谋划，未雨绸缪，及时采取应对措施，尽可能减少其负面影响”。随后，习近平总书记又在不同场合对“新常态”进行了进一步阐释，在北京亚太经合组织工商领导人峰会上，提出了我国经济发展新常态下速度变化、结构优化、动力转换三大特点。2015年中央经济工作会议上，习近平总书记再次对我国经济发展新常态带来的九个趋势性变化做出了全面系统的论述，理论体系更加成熟。

三、我国学者对经济新常态的解读

我国学者在引入这一概念的同时赋予了新的本土化内涵，但解读各有侧重。国研中心刘世锦认为，新常态是一种可预期、可争取的经济增长状态。其特征是：速度下台阶与质量上台阶，数量扩张到质量提升，

全要素生产率的提高。在这种状态下，经济增长率从原来的10%逐步过渡并稳定在新的均衡点上；经济结构发生转折性变化，增长更多依托消费、服务业、内需带动；产业升级和创新驱动加快，环境资源压力舒缓，增长可持续性增强，劳动生产率提升能有效抵减要素成本上升的影响；经济增长能够提供相对宽裕的工作岗位，产业调整与人力资本结构相适应；财政、金融、产业等方面的风险得到有效控制并逐步化解；企业能够稳定盈利，财政和居民收入稳定增长。在全球化条件下，任何一个国家，不可能在所有行业都具有国际竞争力，国际竞争优势逐步集中到为数不多的产业上，各国不再追求“完整的”产业体系，也不再谋求在所有产业都具有国际竞争力。是否具有竞争力与行业“新”与“旧”没有必然联系，关键在于是否具有难以模仿的特有能力。中国经济在新常态下必然进入一个行业和企业分化重组的过程，留下来的行业很可能大多数是“传统行业”。

林毅夫认为，全球经济大衰退可能是未来5～10年的国际经济新常态。在这一常态中，投资回报率低，经济增长缓慢，风险巨大，失业率非常高，会给发展中国家宏观经济管理带来巨大挑战。由于中国与发达国家的差距还很大，追赶必须以投资作为载体，依靠技术创新推动产业转型升级来实现。

民生证券管清友将习总书记关于“新常态”的提法称为“习近平常态”，指出其核心特征为：增长速度的新常态，即高速增长向中高速增长换挡；结构调整的新常态，即从结构失衡到优化再平衡；宏观政策的新常态，即保持政策定力，消化前期刺激政策，从总量宏观、粗放刺激转向总量稳定、结构优化。

中国社科院李扬认为，全球经济以2007年发生的次贷危机为起点，进入一种新常态。中国由于产业结构和要素结构的变化，也进入了结构性减速常态，这是一个新的次高速增长平台。这个常态是实体经济层面的自然过程，我们无法通过政策调整来改变而只能适应。新常态带来的挑战在于：产能过剩与投资主导的经济增长矛盾，城镇化战略的重大调整，房地产市场进入趋势性转折点，国家整体债务上升并导致杠杆率飙升，地方债务可能长期化，金融乱象。

国家发改委王一鸣认为，新常态下的挑战主要在于：产能过剩矛盾趋于突出，生产要素成本加快上升，企业创新能力不足问题日益显现，财政金融风险有可能增大。

国家统计局潘建成认为，中国经济新常态是经济增长阶段的根本性转换，而不是景气循环周期的下行区间，经济增速回落，但增长将更平稳，经济质量将进一步提升。

北京大学卢峰认为，新常态是指经济运行中呈现的一些趋势性和结构性演变因素，主要有：经济潜在供给增速趋于下降，经济结构演化加快，以农业劳动力转移为主要供给来源的新增劳动力快速增长模式发生变化，中国未来较长时期有望保持并加强全球经济最大增量贡献国地位。

人民大学刘元春认为，中国经济新常态本质上是从传统的稳态增长向新的稳态增长迈进的大过渡时期，是在全面结构性改革进程中重构新的增长模式和新的发展源泉的过程，是一个增速围绕潜在经济增长在波动中逐步回落的过程，是一个结构得到重构、风险得以缓释的过程，是一个经济系统与社会系统、社会经济系统与宏观治理系统之间失衡后改革与大重构过程。向这一常态过渡，要在战略上保持定力，推进全面改革与全面结构优化，同时也要实行底线管理、区间调控，推行结构性“微调”与“预调”常态化。

尽管目前专家学者对新常态解读的角度和表述的观点各有差异，但在一些基本判断上也达到了共识。一是我国当前经济减速不是“周期性的下降”（下降后还会反弹到原来的高度），而是一种“趋势性下降”（下降后不能反弹到原来的高度），是经济发展的正常规律，其实质是潜在经济增长率的下降，宏观政策应保持必要的克制和包容；二是增速下降引发了经济结构、就业结构、民生社会等一系列新的结构性调整；三是在向新常态转换过程中，需要高度关注多个方面的风险防范。《人民日报》将专家们对新常态的共识概括为：中高速、优结构、新动力和多挑战。

第二节 对我国经济发展新常态的认识和理解

经济发展进入新常态，是我国经济社会发展的必经阶段，是不以人的意志为转移的大趋势。必须历史地、辩证地认识我国经济发展的阶段性特征，准确把握经济发展新常态。新常态既是对中国经济发展新阶段、新规律的描述，更是对中国经济发展新理念、新路径、新要求的阐述。从发展环境看，我国经济发展正面临增长速度换挡期、结构调整阵痛期、前期刺激政策消化期“三期”叠加。从时间维度来看，新常态指的不是短期的一两年，也不是长期的二三十年，而是一个中期概念。从演化进程来看，新常态下，我国经济正在向形态更高级、分工更复杂、结构更合理的阶段演化。从发展状态来看，新常态是一种相对稳定的增长状态，是一个中高速的增长平台，是一种趋势性、不可逆的发展状态。但如果应对不当的话，经济还有可能继续探底，直至找到新的平衡点。

第一，经济发展“新常态”是在我国进入中等收入国家行列、为规避坠入“中等收入陷阱”而确定的新目标，是就业和收入增加的发展，是质量效益提高和节能环保的发展，是符合经济规律、社会规律和自然规律的科学发展。在这个新阶段要实现“六可目标”，即企业可盈利、财政可增收、就业可充分、风险可控制、民生可改善、资源环境可持续。

第二，“新常态”是一种新的稳定增长状态和新的增长平台，是不同以往的、相对稳定的状态，是一种趋势性、不可逆的发展状态，意味着中国经济已进入到一个与过去30多年高速增长期有所不同的新阶段。“新常态”是相对于改革开放以来特别是最近十年我国两位数高速增长的“旧常态”而作的战略性、结构性调整，是由“中等收入阶段”跨入“高收入阶段”的必经过程。

第三，当前我国正处在“三期叠加”时期，即“新常态”的早期阶段，经济增长已经展现“新常态”的端倪，带有一定趋势性特征，但“新常态”的真正形成还需要一两年甚至更长的时间。在全国适应新常态的情况下，由于各地发展阶段和经济水平不一致，不同的地区有不同的区位条件和要素禀赋优势，有不同的特色优势产业，面临不同的发展压力，一些地方可能会出现高于或低于全国平均增速的现象，同时不排除局部地区经济和部分行业领域的周期性波动。实现经济总体平稳、稳中提质，需要保持定力、深处着力、区间调控、精准发力、定向施策。

学习习近平总书记对经济发展新常态的一系列重要论述，结合既往

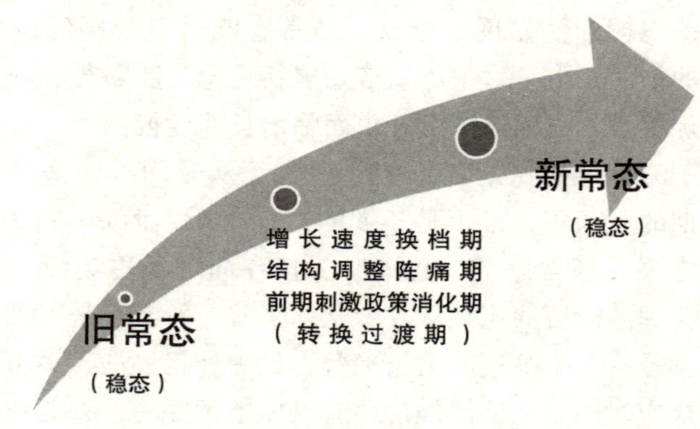

图1－1　经济新常态过渡转换示意

的研究和思考，笔者认为，新常态下经济发展速度、发展方式、经济结构、发展动力都会呈现出不同于以往的明显特征，概括起来，可以说是“四个转向”。

一、经济发展速度正从10%的高速增长转向7%的中高速增长

在过去三十多年，我国经济长期保持两位数增长，取得了举世瞩目的成绩。如今，我国经济发展面临增长速度换挡期、结构调整阵痛期、前期刺激政策消化期“三期”叠加的严峻考验，各种矛盾和问题相互交织。还能不能继续保持那样的高速度？客观来讲，是做不到、受不了、没必要。做不到，是因为我国经济的潜在增长率已下降到6%～7%的增长区间，制约着速度高不上去了。受不了，主要是资源环境压力加大，也难以承受过高的速度。没必要，是因为中共十八大提出到2020年实现全面实现小康目标，GDP比2010年翻一番，按这个目标算每年7.5%左右的速度就够了。经济增速从10%的高速增长回落到7%的中高速增长将成为我国经济新常态最基本的特征。从区域来看，各省增速也存在差异，东部地区率先完成结构调整，进入较低增速区间稳定增长，东北、中部地区保持略高于全国平均增速，西部地区保持较快增长。对此，我们要有正确认识，要彻底摆脱“速度情结”“换挡焦虑”，其实，只要增速波动在合理范围，就要抱有平常心，保持战略定力，不能患得患失。况且，经济增速换挡只是相对于以往高增长的适度降低，但我国

经济增速仍然大大高于发达经济体和许多新兴市场国家，而且是结构更加稳定、合理的经济增长，是更加全面、协调、可持续的稳态增长。可以预测，在未来10年，我国经济增长仍将对全球经济增长做出更大贡献。

二、经济发展方式正从规模速度型粗放增长转向质量效率型集约增长

新常态下，生产要素相对优势、市场竞争特点、资源环境约束、生产能力和产业组织方式、资源配置模式和宏观调控方式等因素发生趋势性变化，靠拼投入、高消耗、高污染、数量扩张的发展方式难以为继。我国经济要想在新常态下实现有质量、有效益、可持续的发展，必须加快转变经济发展方式。经济发展必须更多依靠人力资本质量和技术进步，让创新成为驱动发展新引擎；市场竞争必须把握市场潜在需求，通过供给创新满足需求，加快形成统一透明、有序规范的市场环境；可持续发展必须顺应人民群众对良好生态环境的期待，推动形成绿色低碳循环发展新方式，并从中创造新的增长点；传统产业供给能力大幅超出需求，产业结构必须优化升级，企业兼并重组、生产相对集中不可避免，新兴产业、服务业、小微企业作用更加凸显，生产小型化、智能化、专业化将成为产业组织新特征；随着全面刺激政策的边际效果明显递减，必须全面把握总供求关系新变化，科学进行宏观调控，平衡好增强活力和创造环境的关系，真正形成市场和政府合理分工、推动发展新模式。

三、经济结构正从增量扩能为主转向调整存量、做优增量并举的深度调整

新常态下，经济增速的放缓在一定程度上为结构调整创造了空间，争取了时间。要更加自觉地坚持以提高经济发展质量和效益为中心，大力推进经济结构战略性调整。从消费需求看，过去我国消费具有明显的模仿型排浪式特征，现在模仿型排浪式消费阶段基本结束，个性化、多样化消费渐成主流，保证产品质量安全、通过创新供给激活需求的重要性显著上升，必须采取正确的消费政策，释放消费潜力，使消费继续在推动经济发展中发挥基础作用；从投资需求看，经历了三十多年高强度

大规模开发建设后，传统产业相对饱和，但基础设施互联互通和一些新技术、新产品、新业态、新商业模式的投资机会大量涌现，对创新投融资方式提出了新要求，必须善于把握投资方向，消除投资障碍，使投资继续对经济发展发挥关键作用；从出口和国际收支看，国际金融危机发生前国际市场空间扩张很快，出口成为拉动我国经济快速发展的重要动能，现在全球总需求不振，我国低成本比较优势也发生了转化，同时我国出口竞争优势依然存在，高水平引进来、大规模走出去正在同步发生，必须加紧培育新的比较优势，使出口继续对经济发展发挥支撑作用；从收入分配结构看，企业和财政收入占比下降，居民收入占比上升，农村居民收入增速持续高过城镇居民。

四、经济发展动力正从传统增长点转向新的增长点

新常态下，我国正从重化工业为主向高端装备制造和服务业为主升级。我国继 2013 年服务业增加值比重（46. 1%）首次超过第二产业，第三产业增速持续高于第二产业，“三二一”产业结构稳定形成。市场机制倒逼第二产业结构逐步向高端制造业方向升级，能源、重化工产业比重下降，纺织、家电、金属制品等传统优势产业比重基本稳定，高端制造业比重大幅上升。高能耗、高排放行业投资和生产增速明显放慢，单位 GDP 能耗和碳排放强度显著下降。与以往高速增长稳定期不同，新常态下，原有的增长动力减弱或衰退，新的增长动力尚在启动或培育之中，容易出现老的不管用，新的顶不上的尴尬局面，从而导致经济的大幅下滑或大起大落。这时，既要注意化解以高杠杆和泡沫化为主要特征的各类风险，通过延长处理时间减少一次性风险冲击力度，又要不失时机推进重点领域改革，大力实施创新驱动发展战略，通过改革创新实现经济发展动力的顺利转换。

第三节　新常态下山西可把握的发展机遇

全国经济发展进入新常态，意味着增长速度换挡、发展方式转变、结构调整加深、发展动力转换等方面的变化加速，必然引发各种经济社

会关系的互动与重构，蕴藏着许多积极因素和有利条件，只要我们主动作为、正确应对、积极把握，不仅可以拓宽山西省的发展空间，更能把一些挑战和压力转化为巨大的发展动力。

一、经济新常态为山西省深化经济结构调整赢得了空间和时间

结构调整是困扰山西发展的历史性命题。长期以来，“一煤独大”的畸重型、资源依赖型经济结构致使山西面临政治上、经济上、生态环境上、民生上的“立体性”困扰。从20世纪90年代以来，省委省政府数次启动了结构调整计划，却一次又一次陷入煤炭“价格高时不想调，价格低时调不动”的市场悖论与现实矛盾中。全国经济发展进入新常态为山西结构调整提供了空间、争取了时间，是一次难得的历史契机。

具体来看，一是新常态下全国的经济结构都将发生转折性变化，对山西省结构调整形成了“倒逼”机制。以能源、重化工为代表的传统产业将加快淘汰过剩产能、实现转型升级，以高耗能、高排放为标志的生态冲突型产业比重都将大幅下降，现代服务业、高端制造业和高新技术产业比重不断提升，以民营经济为代表的中小微企业焕发市场活力和创新活力，成为高成长型企业的典型代表。在全国经济结构大调整的趋势下，山西省结构调整的紧迫性更加凸显，无论是政府、市场，还是企业、个人，都在结构调整和转型发展的问题上达成了普遍共识，这种压力会有效转化为动力。

二是新常态下全国经济结构进入调整的关键期，过剩产能和产业将大量退出，为新兴产业的培育和成长腾出空间。站在全国经济结构大调整的同一起跑线上，山西完全有机会在煤炭及相关产业之外抓住发展机会，在新兴产业布局中与其他省市平等竞争，并有机会站在国家战略性新兴产业、高新技术产业的制高点上，制造新的机会，确立新的优势。

三是全国经济结构调整的过程，实质上就是我国各地、各省市在全国乃至全世界的大市场中重新进行产业分工，重构经济秩序的过程，因此，这一个过程是确定山西省下一个时期经济发展重点的关键时期，也是山西深入推动产业结构、所有制结构和分配结构调整的历史契机和关键时点。

二、新的投资方向、消费需求为山西省挖掘新的经济增长潜力提供了难得机遇

从拉动经济发展的“三驾马车”看，新常态下，我国的消费需求、投资结构和出口都将出现新的趋势性变化，这为山西省充分挖掘经济潜力、重塑增长动力带来新的机遇。山西省对外贸易规模较小，2013 年山西进出口总额 158 亿美元，仅占全省 GDP 的 0.3%，全省经济外向度仅为 7.8%，远低于全国平均水平，动力转换带来的机遇主要体现在投资和消费方面。

投资方面，改革开放以来，我国经历了三十多年的高强度大规模开发建设，投资在经济发展中扮演着重要的角色。根据研究，预计在全国经济步入新常态后，我国的钢铁、化工、建材等重化工业峰值邻近，传统产业、房地产投资相对饱和，以能源、原材料产业为主的投资增长将迅速下滑，而基础设施互联互通和一些新技术、新产品、新业态、新商业模式的投资机会大量涌现。投资增长空间的收窄与投资内部结构的调整将成为常态，这种常态将给山西省带来新的发展机遇。如在京津冀、中原经济区、黄河几字湾、“一带一路”等区域合作倡议下，基础设施互联互通方面将出现较大规模、较大体量的投资机会，山西省只要主动适应、积极把握，完全可以在铁路、公路、水利、外送电通道等重大基础设施项目获得投资机遇；在高新技术产业投资方面，山西省在煤层气、节能环保产业、煤炭清洁高效利用、新材料、云计算中心等方面有较好的发展基础和潜力，完全可以利用能源、人才、土地等方面的低成本优势，重新布局投资重点，提高投资效益，稳定经济增长动力。

消费方面，新常态下消费将成为全国经济增长的主要动力。区别于以往的模仿型、排浪式消费，新常态下，个性化、多样化消费渐成主流，以互联网信息、绿色节能、住房、旅游休闲、教育文体和养老健康为主要内容的六大消费热点领域将引领全国的消费实现扩大升级。

一方面，新常态下出现的个性化、多样化消费趋势为山西省文化旅游、特色食品等新兴产业发展带来可把握的机遇。随着消费结构的持续升级，文化休闲、旅游休闲、健康食品将成为新的消费热点。山西省是

文化资源大省，2013 年全省旅游产业实现增加值 1174. 3 亿元，文化及相关产业增加值年均增长 25%；是闻名中外的“杂粮王国”，沁县、武乡一带的“沁州黄、汾阳一带的“汾州香”小米、宁武等地的优质燕麦、灵丘等地的荞麦都形成了较大规模，远销海内外。依托这些优势，山西省完全有可能把握新一轮的消费热点，并带动山西相关产业的快速发展，打造在全国叫得响的山西特色消费品牌。

另一方面，山西省仍具有可挖掘的消费潜力拉动经济增长。近十年来，山西省消费率保持了和全国一致的变化趋势，但始终较低，说明消费还有较大的增长潜力可挖。如果能够采取有效措施，将可保持并加快这一增长势头，变增长潜力为现实动力。

三、全面深化改革和生态重塑为全省发展注入了新的动力和活力

当前，山西处于历史上极为特殊、极为困难的发展时期，煤炭价格周期性下滑与世界能源持续性革命相伴，山西“一煤独大”的资源型经济生态面临彻底重构；资源型产业大量涉及矿产资源、土地、基础工程等国有资本，这一特殊省情造成山西市场经济活力减退、煤焦领域寻租和腐败频发，政治生态也严重恶化。新常态下，我国自上而下推行的经济、政治、文化、社会、生态文明等各领域的全面深化改革将倒逼山西重塑经济、政治和社会生态，为推动山西省尽快实现富民强省、弊革风清的发展目标注入一针强心剂。

一是市场资源配置模式和政府宏观调控方式的重大变化将为山西推进各领域改革提供全新思路。从需求方面来看，全面刺激政策的边际效果明显递减；从供给方面看，既要全面化解产能过剩，也要通过发挥市场机制作用探索未来产业发展方向。我们要“科学进行宏观调控，适度干预但不盲目”，这种市场与政府特有的协作与分工方式将确立中国特色社会主义经济发展的新模式，这种新模式将为破解长久以来山西资源型经济的发展困局，实现以改革促发展的最终目标提供全新的战略思路与宏观环境。

二是山西省已推行的系列改革将在新常态下集中进入政策红利释放期。山西省是“国字号”全省域的“综改试验区”，三年间持续进行各

项探索性改革；同时，我们还享受着振兴东北老工业基地、西部大开发和中部崛起三大优惠政策。新常态下，随着改革优惠政策的落地、消化和吸收，我们将进入政策红利的集中释放期，包括党的十八大以来实施的简政放权、资源税改革、能源价格体制改革，以及山西省启动的扩权强县、煤炭管理体制改革、国企改革等政策红利将进一步显现，政策效果将进一步加强，这些改革举措有望成为重塑山西省经济社会发展生态的引导力量。

三是全国自上而下的深化改革和山西省各项先行先试改革举措将在新常态下交织发力。山西省处于新丝绸之路经济带上，国家启动实施的“一带一路”“京津冀”等战略将在新常态时期推出具体的行动方案，并陆续释放改革利好，这将给山西省经济发展和对外交流合作带来重大的发展机遇；与此同时，山西省在“十二五”末期启动的六权治本、煤炭管理体制革命，以及以信息公开为代表的国企改革也将在新常态时期同步发力，自上而下的顶层设计和自下而上的改革实践交织发力，势必会给山西深化改革带来全新的面貌。

第四节　新常态下山西面临的严峻挑战

全国经济进入新常态对山西省来说，既是难得的机遇，也同样带来诸多挑战，由此可能引发的一系列经济风险更值得高度关注。

一、经济增速大幅下滑导致山西省经济社会发展的风险点增加

全国经济进入新常态最突出的表现就是，经济增速由过去两位数的高速增长步入潜在经济增速6%～7%、宏观调控目标7%～8%的增长区间。然而，山西省长期以来形成经济增长主要靠投资驱动和能源资源相关产业支撑的模式，决定了山西省经济增长对全国经济的依附性较强，具有更强的周期性和波动性。也就是说，山西省经济波动衰退期长于全国，扩张期短于全国，波动幅度明显大于全国，具有“降得较快，

升得较慢，下得较大，上得较小”特征①。

当前，全国经济正处于换挡调整阶段，全国基础设施投资和出口增速大幅下滑后已经趋稳，未来随着房地产投资的走稳，全国经济增长的底部将基本探明，但是山西省可能还要继续探底1～2年时间，全省经济仍然存在断崖式下滑的风险，由此可能引发的财政、金融、地方债、就业等一系列风险仍不可测。

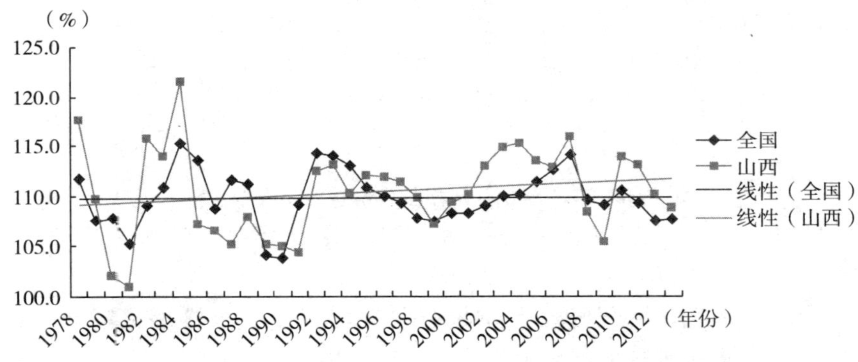

图1－2　1978年以来山西与全国经济增速

资料来源：根据历年山西省统计年鉴整理所得。

从山西省实际来看，经济增长保持年均两位数的高速度已不可能。主要原因是传统主导产业全面过剩，新的增长点尚未形成。当前山西省煤焦冶电等传统主导产业“产量扩张”“价格扩张”“价值结构优化”的潜力已基本耗尽，装备制造等新的产业占比太小，不足以形成支撑。尤其值得忧虑的是全省经济活力和后劲不足，突出表现为市场主体数量太少。从存量看，截至2012年底，全省登记注册企业数和规上企业数均远低于全国平均水平，在中部六省排名末位，规上企业数不足中部其他五省平均水平的1/3。从增量看，2014年3月至6月②，全国新登记

① 从经济发展历程看，在20世纪90年代以来山西省经济增速超过全国以来的三个经济周期（1991～1999年，1999～2009年，2009年至今）中，平均每个周期山西省进入复苏的时间滞后于全国1年左右。从波动的幅度看，山西省经济波动幅度明显大于全国水平，山西省经济增速平均约高于全国1.5个百分点左右。但在经济上升阶段，山西省增速平均高于全国3个百分点。在经济衰退和调整阶段，山西省经济增速比全国低1.8个百分点。

② 工商注册登记制度改革于2014年3月在全国推广。

注册内资企业125.74万户，山西省为2.25万户，低于全国平均水平，约为安徽省的一半。

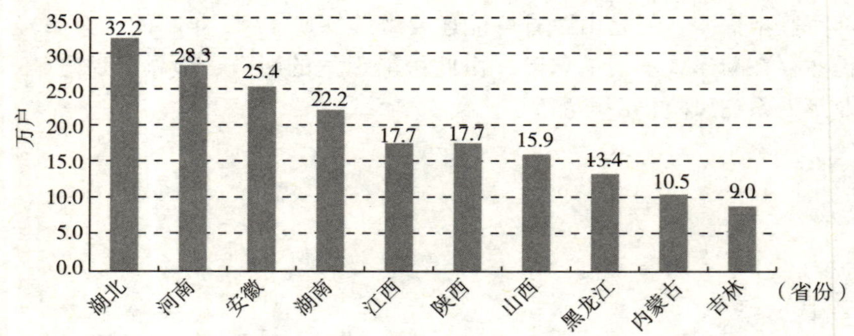

图1-3 2012年山西及相关省份企业法人单位数

资料来源：根据历年山西省统计年鉴整理所得。

在当前全国经济缓慢减速的情况下，山西省存在经济增速断崖式下滑的风险。由于受到发展水平、资源禀赋等因素的制约，山西省经济增长主要依靠投资驱动、能源原材料相关产业拉动。能源原材料产业是山西省经济增长最为重要的支撑，但该产业的发展周期性强，产品的需求和价格更易受整体经济增长和市场环境变化的影响，一旦全国经济增速出现较大幅度的下滑，资源和能源产业将受到更大的冲击，边际利润将大幅下降，甚至出现亏损，导致山西省经济增速突然大幅下降。投资尤其是政府主导的投资是近年山西省经济加速的重要动力。在投资驱动的增长模式下，当经济增速下行时，很容易出现产能的大幅过剩，投资效率和项目盈利能力下降，社会投资意愿下降。同时，由于投资多由政府主导，山西省地方政府和企业相应积累了较多债务，一旦市场环境开始恶化，金融部门不看好山西省的行业，外部投资也疑虑重重，地方政府的偿债能力将大受影响，国有企业的债务风险将明显加大，投资能力大大削弱。目前，全国经济缓慢减速，以上迹象已经显现，山西省经济增速仍存在断崖式下滑的风险。

经济增速下滑可能带来的财政、金融、地方债、就业等系统性风险。新常态下经济增速放缓是必然趋势，山西省需高度警惕由经济增速的快速下滑可能引发的连锁反应和系统性风险。财政方面，2009~2013

年，山西省财政收入增速均高于GDP增速，而2014年上半年，山西省财政收入增速开始低于GDP增速，新常态下“民生刚性支出不能减、企业负担必须减”使山西省财政增收的压力和风险尤为突出；金融方面，随着全国能源需求和能源价格大幅下降，资源型企业效益大幅下滑，银行开始对资源行业限贷、惜贷、抽贷，山西省资源型企业信贷风险加剧，社会融资风险迅速加大，特别是联盛、海鑫等大型民营企业重整将引发连锁反应，触发局部融资风险；就业方面，受煤炭市场低迷影响，山西省将不断有资源型企业面临停产、停业甚至破产，由此带来的隐性失业和直接下岗将导致失业人数迅速增加，这种资源企业的失业风险与农村剩余劳动力转移压力、高校毕业生就业压力同时叠加，将直接影响甚至阻碍山西省就业目标的实现。

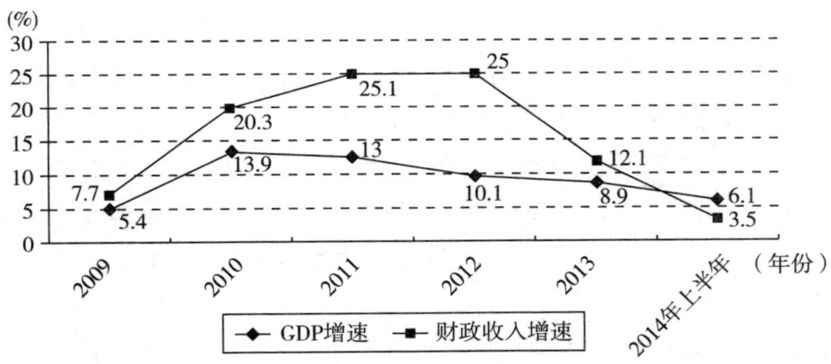

图1-4　2009年以来山西省地区生产总值和财政收入增长情况

资料来源：根据历年山西省统计年鉴整理所得。

二、山西省创新实力较弱将严重制约发展动力的转换，存在进一步拉大差距的可能

从要素驱动、投资驱动转向创新驱动是新常态经济的重要特征，创新驱动既体现了经济发展方式的转变，也是跨越中等收入陷阱的必然路径。但是对山西来说，创新驱动将更多地表现为一种经济发展中的外在压力。

山西省经济结构畸重，丰富易取的煤炭资源难以孕育鼓励创新、包容创新的文化基础，对科技创新与技术进步的重视程度严重不足。长期

以来，山西省工业产品的加工度极低，2013年山西省综合科技进步水平指数为43.20%，排全国第19位，低于全国平均值6.85个百分点；高技术产业发展也严重不足，2012年高技术产业增加值仅占生产总值比重0.92%，居全国24位、中部六省末位；高技术企业占工业企业比重仅为3.48%，居全国28位、中部六省末位。

实现创新驱动发展的前提是积累丰富的创新资源，而山西省的创新资源却仍严重不足。2014年，山西省国家工程技术研究中心今年才首次实现零的突破，而全国2012年已经达到327家；国家级企业技术中心26户，只占到全国总数的2.59%（全国前后20批，共计1003户）；国家级重点实验室和省部共建重点实验室培育基地共6个，占比不到全国总数的1%（全国2012年各类国家重点实验室已经达到498个）；院士仅有5名，仅占全国总数的0.32%（2013年底，工程院807人、中科院750人，共1557人）。

创新的主体是企业，而山西省企业的创新意识整体不强，2013年规模以上工业企业开展研发活动的仅有317家，占山西规模以上工业企业的8.22%；国家级创新型试点企业15家，仅占全国的2.22%（全国为676家）。此外，山西省研发投入规模不大，2013年山西研发经费投入达到155亿元，仅占全国的1.31%；研发经费投入强度1.23%，低于全国0.85个百分点。

实现创新驱动的转变是从量变到质变的长期过程，需要长时间的资源储备、环境培育和要素积累，不可能一蹴而就。新常态下，我国沿海发达省份，以及一些发达的中部省份都将跨入创新驱动的新阶段，而山西作为创新资源小省，创新资源、创新文化和创新环境仍存在较大差距，短期内难以扭转在创新驱动发展中的劣势地位，将面临较大的赶超压力。

三、全国能源需求、供给结构的变化对山西省能源基地定位形成巨大挤压

当前，全球能源革命风起云涌。国家积极推动能源消费、能源供给、能源技术及能源体制等方面的革命，同时要求全方位加强国际合作，实现开放条件下保障能源安全。这种能源革命战略背景下的经济新

常态将对山西省能源产业发展提出新的挑战：一是从能源需求看，随着技术发展，能源消耗弹性系数下降，据统计，近 30 年我国 GDP 增长和一次能源消耗增长的关系是 1∶0.6 以上，而近 10 年下降到 1∶0.5 以上，预测未来 10 年可能进一步下降到 1∶0.4 以上。同时，随着全国经济步入新常态，经济增速下降，我国能源需求增速将明显下降，将对山西省能源产业带来直接冲击。二是从能源供给结构看，尽管未来 20 年煤炭在我国能源中的主体地位不会改变，但油、气、可再生能源和核能等快速发展，比重快速提高，特别是页岩气技术的大规模应用将对我国能源格局带来巨大影响。三是从煤炭市场看，我国煤炭买方市场格局可能已经成为常态，目前我国煤炭过剩产能已超过 3 亿吨，国家加大了煤炭过剩产能的清理力度，国内煤炭市场竞争激烈，特别是近几年进口煤冲击国内煤炭市场，加剧了市场竞争，也严重挤占了山西省煤炭产业的生存空间。四是从国家能源战略基地布局看，国家能源开发重心西移已成必然趋势，煤炭能源开发“多中心”的格局已经形成。虽然山西省煤炭探明储量和基础储量都处于全国领先地位，近期和中期可开采的基础储量 908 亿吨，占全国的 60% 左右，是内蒙古的 2 倍，但受能源供给结构变化、中国经济增长整体放缓、行业周期性调整、生态环境治理等方面的严重冲击，比较优势削弱，可持续发展压力较大。

四、市场竞争方式的变化对大宗原材料产品居主导地位的省份形成了较大冲击

当前，全国正在由数量扩张和价格竞争逐步转向质量型、差异化为主的竞争，进入新常态经济后，全国将形成统一透明、充分竞争、有序规范的大市场，企业的生产组织形式和经营管理方式将发生重大转变。

当前，山西主要的工业产品仍以煤炭、焦炭、冶金、电力等生产资料为主，产品差异性弱，并以价格竞争为主，低水平恶性竞争激烈，企业资产负债率大幅上升，企业大面积亏损，新常态下，工业企业的生产经营将面临巨大挑战。

从外部竞争环境看，新常态经济下，我国东南部沿海及其他经济发达省份的先进制造业，代表未来工业发展方向的信息技术产业、高端装

备制造、生物科技等高新技术产业，以及传统的优势产业，如金融业、服务业等都将积极抢滩布局全国市场，这对采掘业比重居高不下、制造业发展严重不足的山西来说无疑是“狼来了”的危险信号，外部市场竞争环境将更为恶劣。

从内部市场环境看，当前山西省的优势产业，如煤炭、冶金、焦炭、装备制造业发展的内部环境堪忧，市场资源的配置仍存在较严重的行政干预，工业企业，尤其是国有工业企业的市场活力严重不足，抗市场风险能力普遍较差。统计显示，自 2011 年煤炭价格下跌以来，山西规模以上工业企业实现利润已连续 30 个月负增长，资产负债率更是高达 72.4%，比全国平均水平高 14.6 个百分点，居全国之首。冰冻三尺非一日之寒，总体来看，新常态经济下市场竞争方式的转变给山西省带来的利空远大于利好。

五、资源环境约束增强致使山西省传统产业发展的空间进一步收窄

山西长期高强度的资源开发导致的环境治理任务十分艰巨，尽管山西省生态环境治理力度逐步加大，煤炭采掘强度也呈趋稳回落态势，但由于前期形成的污染物的巨大规模，以及煤化工等下游产业的发展，山西环境保护的压力依然很大。山西省万元 GDP 能耗、二氧化硫、氮氧化物排放量均大幅高于全国平均水平。新常态下，全国能源资源和生态环境的发展空间将进一步收窄，国家对污染排放限制、综合生态治理和环境友好型生产方式的要求将进一步增强，资源和环境的严格约束将成为常态。对山西省而言，传统产业占据很大比重，经济发展仍处于粗放型向集约型过渡的阶段，这种常态化约束将对山西经济社会发展意味着长期而持久的挑战。

第五节　新常态下山西发展的五个“变与不变”

新常态是新时期下对山西经济发展提出的一个全新命题，机遇与挑战相伴，机会与风险并存。我们要客观认识新常态，主动适应新常态，

在分析掌握新常态核心内涵的基础上，抓住经济发展的主动权，从容应对、积极进取，牢牢把握影响山西发展环境的五个“变与不变”。

一、煤炭在全国能源结构中的主体地位不会变，山西在全国能源供给结构中的主体地位不会变，变的是煤炭的比重和利用方式

煤炭长期是中国的基础能源，以煤为主的能源供应格局短期难以改变。目前，我国一次能源结构中，煤炭的消费量达68.8%，石油天然气为23.1%，表明我国仍处于煤炭时代。模型分析表明，即使考虑到非常规油气和可再生能源的高速发展，煤炭占我国一次能源消费比重在2020年前仍将超过60%，在2030年前超过50%。山西省具有丰富的能源资源、较低的要素成本、独特的区位条件，依然是我国实力最强，优势明显的综合能源基地。新常态下，煤炭在我国能源消费结构的主体地位不会发生根本性变化，山西在全国能源供给中的主体地位也不会发生根本性变化，仍是全国能源安全的重要组成部分，既不能“拥煤自重”，更不能“弃煤自轻”，但煤炭的比重和利用方式将会发生较大变化。我们需要在这个认识的基础上，主动淘汰煤炭及相关产业的过剩产能，并尽快实现其他传统产业的转型升级；同时，我们还要不断改善煤炭的利用方式，在煤炭加工转化、智慧矿山建设、煤炭的清洁高效利用及节能环保产业中培育新的增长亮点。

二、投资拉动经济增长的关键性作用不会变，变的是投资的方向、结构和效益

投资是山西省经济增长的主要动力，依赖对资源型产业的大规模投资，借以拉动经济增长，是山西省改革开放30多年，特别是上一个十年发展的主要模式。根据相关研究成果，预计在全国经济步入新常态后，我国的钢铁、化工、建材等重化工业峰值临近，受此影响，山西省原有依靠能源、原材料产业为主的投资增长模式将不可持续。但通过纵向和横向对比分析我们得出，新常态下投资仍是拉动山西省经济增长的主要力量，主体地位不会改变，而是需要我们通过引导，尽快将山西省煤炭及传统产业投资转移到战略性新兴产业及服务业中，为山西产业结

构的调整打好基础、做好铺垫。

三、政府对经济发展的引导作用不会变，变的是引导的领域和方式

我国经济新常态是政府和市场确立合理分工地位的新时期，政府发挥作用的方式和经济调控手段，将从直接进行产业规划、制定产业政策和进行企业经营的具体指导转向营造公平竞争的市场环境，在提供更完善的公共服务上，从直接干预市场和企业经营到间接运用财政、金融、税收等杠杆手段实施“微调控”上。我们要深刻认识到这一趋势性变化，主动适应这一变化，要摆脱长期以来形成的政策依赖思维，以煤炭管理体制改革为引领，加快推动和深化山西经济领域的体制机制改革，通过发挥市场活力，调动企业的积极性和创造力来培育自身的经济内生动力。

四、国有企业在经济发展中发挥重要作用的地位不会变，变的是国有企业的战略布局和竞争力

与其他省份相比，国有企业对山西经济发展的意义更为重大，地位更为突出。新常态下，全国的国有企业都面临结构升级、实力升级和空间布局升级，山西要以国有企业混合所有制改革和信息公开改革试点为契机，“内修盈利能力，外练抗风险能力”，进一步发挥国有企业在推动山西经济增长中的主力军作用，在新一轮的国企改革中脱颖而出，成长为山西省引领新常态的主导力量。

五、经济社会发展的总体目标不会变，变的是发展的质量与内涵

通过分析新常态的内涵我们发现，全国经济进入新常态，我国要实现全面小康的发展目标不变，但是发展的质量和内涵需要提升，我们要满足人们更高层次的追求和愿望，我们要更加关注社会民生，更加关注生态环境，我们要始终以人的发展为核心，经济发展的最终目标是要为

人民谋福祉。对山西这样一个资源型省份来说，对这个发展目标的感受更为深刻、更为真切。长期以来，我们在山西土地上进行的持久而大规模的资源开采，对全国的能源供应和经济发展发挥了巨大的保障作用，但是这种保障的背后，是山西人民做出的巨大牺牲：生态环境受到严重破坏，民生支出历史欠账较大。在新常态下，我们的经济发展需要更加注重回应山西人民的关切，需要更加注重山西民生领域的支出，需要更加注重生态环境的维护，我们的经济发展要为山西人民谋划一个更美好的未来！

第二章

山西经济的阶段性变化对质量发展的影响

第一节　以经济发展为基础的山西宏观质量管理阶段性特征

一、从经济发展周期看，山西省处于经济周期波动探底和新常态下增速换挡的叠加影响阶段，经济下行压力较大

改革开放以来，山西省与全国一样经历了三个较为完整的经济周期。总体看，周期上升阶段，山西省和全国年均增速分别为13.9%和10.9%，山西省高于全国3个百分点；下降阶段，山西省和全国年均增速分别为9.6%和7.8%，山西省比全国高1.8个百分点。

分周期看：第一个周期，山西和全国上升阶段均为1982～1984年，年均增幅分别为17.0%和11.7%，山西比全国高5.3个百分点；下降阶段，山西为1985～1991年，年均增幅为5.9%，全国为1985～1990年，年均增幅为8.8%，山西比全国低2.9个百分点。第二个周期，上升阶段，山西为1992年和1993年，年均增幅为12.8%，全国为1992～2002年，年均增幅为11.7%，山西比全国高1.1个百分点；下降阶段，山西为1994～1999年，年均增幅为10.4%，全国为1993～1999年，年均增幅为10.4%。第三个周期，上升阶段均为2000～2007年，年均增幅分别为13.1%和10.5%，山西比全国高2.6个百分点；下降阶段，均为2008年和2009年，年均增幅分别为6.9%和9.4%，山西比全国

低 2.5 个百分点。

金融危机以来，世界经济进入低速增长的新常态，中国也进入结构性减速常态，虽然由于强大的刺激政策，2010 年以来，山西与全国经济在经过一年的恢复性反弹，依然不能阻止经济下滑趋势，全国实体经济进入一个新的次高速增长平台。2012 年以来，受煤炭价格下滑的冲击，山西省经济增速持续下滑，加上周期下降阶段比全国增速低 2 个百分点的惯性，山西省经济下行压力更大。

二、从结构调整过程看，山西省处于畸重单一结构难以为继又积重难返的阶段，政府和市场都形成了较强的调整倾向

以改革开放以来全国的工业化进程为主线和背景，可以发现，山西结构调整并没有按照“先二产业，后三产业”，“先轻工业，后重工业”的经典模式演进，而是在一个较高的起点上开始工业化进程，走出一条典型的资源型经济结构调整之路。

分阶段看：1978～1991 年，山西工业化起点较高，结构演进趋势与全国大体一致。改革开放使长期受到压制的第一产业和第三产业先后出现补偿性增长，第二产业比重逐年下降。1992～2002 年，山西工业化进程放慢，结构调整轨迹与全国背道而驰。这一时期以亚洲金融危机为中点，全国第二产业比重经历了先升后降的变化。同期，山西第二产业占比变化趋势正好相反，呈先降后升的形态。2002～2011 年，能源工业进入黄金期，山西省结构调整走出资源繁荣特色。这一时期，全国掀起重化工热潮，三次产业结构相对稳定，但工业结构内部发生了较大变化，轻工业比重由 2002 年的 39% 下降到 2011 年的 28%，降幅达 11 个百分点。受煤炭价格市场化改革和全国的重化工阶段的能源旺盛需求的影响，山西省采矿业占比、第二产业占比、重工业占比等指标均达到相对峰值，第二产业比重从 2002 年的 48% 上升到 2011 年的 59%，采掘业占工业增加值的比重由 29.48% 提高到 48.53%。

2012 年以来，我国经济进入 7%～8% 的中高速增长阶段，经济结构也在发生全面深刻的变化，2013 年第三产业比重首次超过第二产业，传统产业产能严重过剩。山西省畸重单一的结构难以为继，但又积重难返。政府层面对调结构的紧迫性形成共识，企业层面受市场形势的倒逼

不调整就出局。

三、从工业化进程看，山西省处于工业化中期前半段，制造业水平有待提升

计划经济时期山西省就形成了以传统重工业为主导，以煤炭、机械、冶金、化工、军工为支柱的产业格局，成为全国性的重工业基地和国防工业基地。改革开放初期山西的工业化起点是比较高的。当前，山西省处于什么发展阶段，需要一个综合客观的评价。按照人均 GDP 标准，山西省 2013 年人均 GDP 约为 5635 美元，迈入工业化中期；按照三次产业结构标准，山西省 2013 年三次产业比为 6.1∶53.9∶40，进入工业化后期，如果把采矿业作为第一产业，山西省则退回到工业化前期阶段；按照人口城镇化的标准，山西省 2013 年城镇化率为 52.56%，进入工业化中期；按照第一产业就业人员比重标准，山西省 2013 年为 36.15%，进入工业化中期；按照制造业占工业增加值比重标准，山西省 2012 年为 31.09%，处于工业化初期阶段。综合来看，初步判断山西省处于工业化中期的前半段。影响山西省工业化进程判断的主要因素是制造业，只有制造业才能形成对服务业和城镇化的带动机制，才能促进山西经济持续健康发展。从山西省工业化进程看，主要是在市场经济体制形成中逐步"外围化"，在新型工业化的进程中落后了。

表 2 – 1　　工业化进程主要指标区间范围

基本指标	前工业化阶段（1）	工业化实现阶段			后工业化阶段（5）
		工业化初期（2）	工业化中期（3）	工业化后期（4）	
1. 人均 GDP（2010 年美元）（经济发展水平）	827 ~ 1654	1654 ~ 3308	3308 ~ 6615	6615 ~ 12398	12398 以上
2. 三次产业增加值结构（产业结构，其中 A 代表一次产业、I 代表二次产业、S 代表三次产业）	A > I	A > 20%，且 A < I	A < 20%，I > S	A < 10%，I > S	A < 10%，I < S
3. 制造业增加值占总商品增加值比重（工业结构）	20% 以下	20% ~ 40%	40% ~ 50%	50% ~ 60%	60% 以上

续表

基本指标	前工业化阶段(1)	工业化实现阶段			后工业化阶段(5)
		工业化初期(2)	工业化中期(3)	工业化后期(4)	
4. 人口城镇化率(空间结构)	30%以下	30%～50%	50%～60%	60%～75%	75%以上
5. 第一产业就业人员占比(就业结构)	60%以上	45%～60%	30%～45%	10%～30%	10%以下

资料来源：陈佳贵，黄群慧，钟宏武．中国地区工业化进程的综合评价和特征分析［J］．经济研究，2006（6）．数据为2010年根据美国经济研究局网站数据获得的GDP折算系数计算。

四、从发展动力看，山西省仍然处于投资拉动阶段，关键是要优化投资结构和效益

投资拉动后发地区实现经济起飞，追赶发达地区的必经阶段，也是改革开放以来全国经济增长模式的重要特征，21世纪以来全国经济投资拉动的特征更加明显。当前，山西省仍处于投资拉动阶段。从绝对额来看，山西省投资规模不大。2013年山西省固定资产投资1.1万亿元（国家统计年鉴数据），占全国的2.47%，排全国第18位，中部末位，也低于内蒙古、陕西、黑龙江等资源型省区。从增长速度来看，虽然近两年增长较快，但横向比较也不是最高的。2001～2012年山西省固定资产投资年均增长22.97%，与全国平均水平基本持平（22.8%），同期，陕西固定资产投资年均增长为24.67%；内蒙古更是高达30.94%。2002年内蒙古从业人员人均固定资产投资超过山西，2012年达到100483元，约为山西的2倍。2008年陕西人均固定资产投资超过山西，2012年达到62300元，比山西多1万元。从山西省发展的实际需求看，山西省还面临着较大的公共基础设施和生态环境欠账，面临着产业转型的紧迫任务，必须保持一定的投资规模。同时，我们也要看到靠层层加码，提高固定资产投资总额，难以提振支撑生产总值的固定资本形成，必须围绕有效投资的目标，坚持市场决定原则，进一步推进投资主体和投资方式的市场化，政府把握宏观经济趋势的总体规律，以合理的经济总量目标为引导，让企业和投资主体在自主承担风险的基础上进行分散决策。改革国有企业投资机制，使资本成本和资本风险对投资决策形成

硬约束。营造有利于产业结构升级的良好投资环境，引导资金流向实体经济，流向技术创新的领域。

五、从煤炭产业的发展趋势看，山西省煤炭产业处于面临二次创业的成熟期，必须走好“革命兴煤”之路

按照企业生命周期理论，一个企业或者行业的发展会经历诞生、成长、成熟、衰退等不同阶段。成熟期的主要特征是企业规模大、技术成熟、市场占有率高，但同时面临技术革新瓶颈和增长极限的限制。山西省煤炭产业发展阶段特征与之相似，可以称作盛年期，如果不进行二次创业，走清洁高效低碳之路，将不可避免走向衰退。煤炭依然是山西省支柱产业。煤炭产业贡献大，2009 年以来煤炭采选业占山西工业增加值的比重一直在 60% 以上。经过资源整合，煤炭产业机械化水平和企业现代化水平显著提高。山西省煤炭资源探明储量约 2800 亿吨，按照目前的技术和规模，可采 200 年以上。路径依赖使资源型产业比重居高不下。长期以来形成的采煤外运格局始终没有转变，2013 年煤炭外运比例高达 66% 。虽然采取煤电联产、延伸煤炭产业链的方式来发展，也只是将煤炭的利润转到了发电等下游企业，整个工业增速难以提升。煤炭产业难以支撑山西经济持续增长。全国煤炭市场进入饱和期，煤炭总产能已达到约 50 亿吨，2013 年实际生产了 37 亿多吨，进口 3 亿吨左右。从长期的趋势看，煤炭需求很快将达到峰值并开始下降。同时面临资源环境承载能力约束，煤炭开采的成本在上升。单纯依靠煤炭产业，已经很难撑起经济持续快速增长重任。随着经济发展进入新常态，生态文明建设和能源生产、消费结构的调整以不可抗拒的力量推动着煤炭生产方式、消费方式深刻变革，煤炭消费在能源消费中所占比重呈下降趋势。我们必须围绕“六型”转变，走出一条“革命兴煤”新路。

六、从发展环境看，山西省处于资源环境约束的持续增强期

当前，发展所面临的资源环境选择性压力明显加大。不久前的中央经济工作会议明确指出，过去能源资源和生态环境空间相对较大，现在

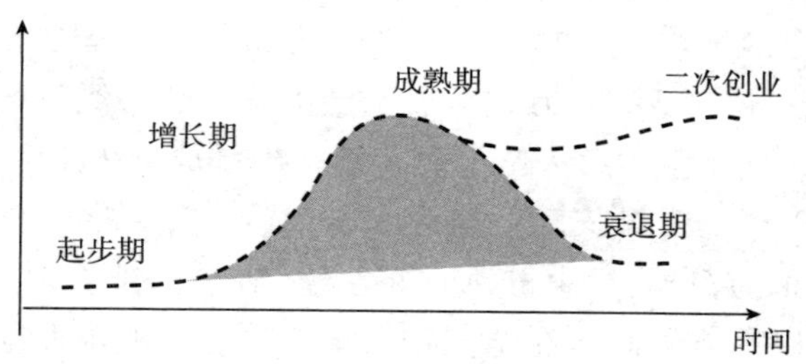

图2－1　产业生命周期示意图

环境承载能力已经达到或接近上限。决策层首次提出“环境承载能力上限”，表明全国资源环境的约束进一步增强，今后的发展必须顺应人民群众对良好生态环境的期待，放弃原先经济建设中的高污染、高能耗、高排放的“不健康基因”，以低污染、低能耗、高附加值的产业链实现经济自身的转型升级，推动形成绿色低碳循环发展新方式。

从资源约束方面看，根据国务院《能源发展战略行动计划（2014～2020年）》，到2020年非化石能源占一次能源消费比重达到15%，天然气比重达到10%以上，煤炭消费比重控制在62%以内。一次能源消费总量控制在48亿吨标准煤左右，煤炭消费总量控制在42亿吨左右。在能源消费方面，将推行“一挂双控”措施。将能源消费与经济增长挂钩，对高耗能产业和产能过剩行业实行能源消费总量控制强约束，其他产业按先进能效标准实行强约束，现有产能能效要限期达标，新增产能必须符合国内先进能效标准。区域调控方面，合理控制中部地区能源开发强度，实施煤炭消费减量替代，降低煤炭消费比重。由于山西省的资源型产业占比过重，如果剔除进口煤等因素，未来对山西省资源型产业特别是煤炭的约束影响将非常明显。

从环境约束方面看，中国政府在哥本哈根气候大会上承诺，到2020年我国单位GDP二氧化碳排放量比2005年下降40%～45%，随着时间的临近，这些目标将对煤炭消费以及山西的高碳产业形成明显的冲击。

除二氧化碳外，山西资源型产业占比过重以及长期高强度的资源开发，导致工业“三废”排量多项指标在全国排名居前，环境治理任务相当艰巨。2013年山西省万元GDP能耗为1.63吨标准煤，是全国平均水平的 2.2 倍；二氧化硫、氮氧化物的排放量为 9.96 和 9.19 公斤/万元，分别是全国平均水平的 3.07 和 2.6 倍。从在全国的排位看，山西二氧化硫排放量为 125.54 万吨，居于全国第 4 位；氮氧化物排放量为 115.78 万吨，居于全国第 7 位；烟（粉）尘排放量为 102.54 万吨，在全国排名第 2 位。粉煤灰产生量为 4192.4 万吨，在全国排名第 1 位。固废排放方面，煤矸石产生量为 1.4 亿吨，在全国排名第 1 位。冶炼废渣产生量为 1969.6 万吨，在全国排名第 5 位。一般工业固体废物产生量 3.1 亿吨，占全国工业企业产生量的 9.3%，在全国排名第 2 位。废水排放方面，挥发酚、氰化物等指标在全国排第 1 位，其他多项指标在全国排名靠前。土地治理方面，据省发改委初步调查，山西省因采煤造成的采空区近 5000 余平方公里，其中沉陷区占 3/5，受灾人口达 230 万人。2004 ~ 2010 年启动实施了国有重点煤矿采煤沉陷区治理工作，治理面积约 1000 平方公里，目前仍有 2000 多平方公里亟待治理。

七、从发展风险看，山西省处于财政金融风险、产能过剩风险、失业风险三大风险日益凸显的关键期

当前，一些隐性的风险开始显现，特别是财政金融风险、产能过剩风险、失业风险成为山西省面临的三大风险。

一是地方债风险。截至 2013 年 6 月底，山西各级政府负有偿还责任的债务 1521.06 亿元，负有担保责任的债务 2333.71 亿元，可能承担一定救助责任的债务 323.73 亿元。债务主体方面，主要以市级和县级为主，债务规模占总量的 82.16%。虽然山西政府性债务规模总量不大，但增速相对较快，与 2012 年相比，增速达 17.91%，高于全国债务 12.62% 的平均增速，在全国排名第 3 位。特别是市县级政府负有偿还责任的债务近年来增长很快，相比 2010 年，年均增长分别高达 20.73% 和 33.47%。省级政府负有担保责任的债务高达 2199.48 亿元，全国最高。在当前山西省煤炭等主导产业发展下行压力增大的形势下，部分市县和个别行业偿债风险已经过大，财政金融风险很可能在今明两年内集中爆发。

二是财政风险。经济下行必然会减少部分财政收入来源、增加财政支出负担、增加地方政府债务负担，即加大财政风险。2009 ~ 2013 年，山西省财政收入增速均高于 GDP 增速，而今年上半年，山西省财政收

入增速开始低于GDP增速。随着资源型经济形势持续低迷，财政增收压力和风险开始加大。一方面，要满足民生刚性需求，保持正常运行，就必须保证一定的财税收入，另一方面，在经济下行和结构性减税的双重压力下，各种非税收入大幅增加，企业负担进一步加剧。是放水养鱼，还是竭泽而渔，成为山西省进入新常态过程中面临的艰难抉择。

三是产能过剩风险。从全国来看，煤炭、焦炭、钢铁、水泥等不少产业行业产能过剩严重。多晶硅、光伏电池等行业有的开工率仅35%。据煤炭工业协会数据，2014年全国煤炭产能约40亿吨，在建产能约11亿吨，再加上约3亿吨的进口煤，整体算我国煤炭行业产能过剩在15亿吨以上。严重的产能过剩导致煤炭行业经济效益持续下降，全国煤炭企业亏损面在70%以上。与全国大形势一致，山西省焦炭工业、化工工业、建材工业、冶金工业、装备制造业等多数传统产业产能过剩，行业呈亏损状态。山西煤焦冶电四大传统主导产业中，煤炭、焦化、冶炼三大产业亏损严重，企业开工率普遍不高。据统计，2012年山西钢铁产能利用率为66%，远低于全国71%的平均水平，水泥、电解铝、焦化等行业的产能利用率也比全国平均水平低一到两个百分点，焦化行业全行业净亏损12.83亿元，亏损面高达70%，成为山西省工业领域中亏损最严重的行业。特别是2014年下半年以来，受国际油价下跌和世界煤炭需求下降冲击，山西省煤炭产业亏损面进一步扩大，七大省属煤炭企业净利润全部下滑。

四是房地产风险。2014年，山西省房地产业发展明显放缓。1~8月，山西省房地产开发投资完成748.2亿元，同比增长12.1%，增幅比上年同期回落15.5个百分点。房屋施工面积13611.4万平方米，同比增长10.0%，增幅比上年同期回落11.7个百分点。土地购置面积287.6万平方米，同比下降36.4%，增幅比上年同期下降53.0个百分点。从中期看，随着房地产市场的逐步成熟，山西省房地产发展将会维持在一个较低的可持续速度上。房地产投资增速快速下降、土地市场式微将直接影响房地产市场预期，进而可能引发房贷风险和地方财政收入风险。

五是企业融资风险。在煤炭黄金十年中，资源型企业的快速膨胀使山西省形成了以煤炭价格持续上涨为基础的社会融资格局，银行将大量资金贷给资源型企业，资源型企业之间相互担保，资源型企业为非资源型企业提供资金支持。随着全国能源需求和能源价格大幅下降，资源型企业效益大幅下滑，信贷风险加剧，银行开始对资源行业限贷、惜贷、抽贷，造成了资源型企业资金链紧张，引发社会融资成本提高，全社会融资风险加大。特别是联盛、海鑫等民营企业重整引发连锁反应，出现局部融资风险。

第二节　新常态背景下山西宏观质量管理的趋势性变化

经济发展进入新常态，不仅意味着增长速度换挡、发展方式转变、结构调整加深、发展动力转换等方面的变化加速，也必然引发各种经济社会关系的互动与重构。当前，准确把握经济发展新常态，要求我们必须科学认识当前的形势，历史地、辩证地认识山西省经济发展的阶段性特征；主动适应经济发展新常态，要求我们从发展的眼光研判未来走势，把握变化趋势。

一、投资方面

过去山西省投资结构不尽合理，新兴产业、现代服务业发展滞后，民生改善欠账过多。新常态下，山西省原有依靠能源、原材料产业为主的投资增长模式将不可持续。从投资需求看，经历了30多年高强度大规模开发建设后，传统产业相对饱和，但基础设施互联互通和一些新技术、新产品、新业态、新商业模式的投资机会大量涌现，投资作为山西省经济增长动力的主体地位不会改变，优化投资结构将是推动经济发展的根本动力，必须通过调整投资方向，优化投资结构，加大铁路、公路、低热值煤发电、外送电通道、水利、城乡人居环境改善、煤层气、节能环保、科技创新城、新兴产业、现代服务业、民生领域投资，使投资继续对经济发展发挥关键作用。

从规模看，山西省居全国中等靠后水平。2013年，山西省地区生产总值为12602.24亿元，是1978年的143倍；全社会固定资产投资为12000.24亿元，在全国排第18位（2012年为19位），是1978年的521倍，投资的增长幅度远高于地区生产总值。

从增速看，近年山西省投资增速已高于全国。“十五”时期，山西省投资增速已超全国，“十一五”时期，落后于全国同类资源型省份（内蒙古、陕西、吉林）和中部省份（安徽）5~10个百分点，进入“十二五”时期，山西省投资增速加快，2013年投资规模超一万亿，超过全国5~10个百分点，并开始赶超部分省区。

从比重看，山西省投资率[①]逐年升高，居全国前列。山西省与全国投资占比变动的趋势相似，在十年间投资占GDP比重从1/3左右提升到80%以上。从2012年起，山西省投资占GDP比重（75.76%）开始超过全国（72.13%）、内蒙古（74.78%），到2013年，比重达88.88%，超过全国（78.59%）内蒙古（84.45%）、吉林（78.06%），在全国排第11位（2012年为18位）。与陕西、安徽相比，仍分别相差约4和9个百分点。与全国占比变动的趋势相似，山西省在10年间投资占GDP比重从1/3快速提高至80%以上，在2012年该比重（75.76%），开始超过全国（72.13%）、内蒙古（74.78%）。2013年山西省投资规模达1.1万亿元，占GDP比重达87.54%，在全国排第11位，比经济总量排名（23位）高12位。

从投资内部结构看，山西省二产投资比重偏高，三产投资比重长期偏低。长期以来，山西省二产投资占总投资的比重高达50%以上，超过全国10个百分点之多，而三产投资比重低于全国10个百分点，2009年以后二产投资比重逐步与全国基本持平，而三产投资比重仍然低于全国，但差距已缩小到5个百分点以内。

从工业投资的内部结构看，以节能环保、新能源汽车、装备制造等为主的高加工度、高端制造业的增长面临更大机遇。资源型产业是山西省工业投资的重点，高加工度的制造业投资比重长期偏低。其中，煤焦冶电四大产业投资比重最低也在55.87%（其中煤炭产业投资比重占30%左右），机械、食品等其他制造业的投资比重长期偏低[②]。与全国

---

① 投资率是判断投资规模适度与否的一个常用指标，有三种核算口径：即投资率=（全社会固定资产投资额/生产法GDP）×100%；资本形成率=（资本形成总额/支出法GDP）×100%；固定资本形成率=（固定资本形成总额/支出法GDP）×100%。

② 机械工业投资比重2011年刚跨过10%，建材工业投资比重2012年刚增至8.32%，食品工业投资占比2012年增至5.55%，纺织工业不足0.5%，医药工业不足1.6%，包含纺织、医药在内的其他工业投资占比2012年也刚增至12.18%。

相比①，山西省制造业投资占比呈下降态势，且投资占比低于全国约6个百分点；与其他资源型省份相比，山西省煤炭采选业投资占比为15.12%，远高于陕西（5.33%）、内蒙古（7.59%），而制造业投资占比（15.27%）则低于陕西（17.56%）、内蒙古（25.46%）。受“三期叠加”影响，山西省投资结构将发生重大改变，煤炭、焦炭、冶金、化工等产业严重产能过剩，投资难以持续。受能源革命影响，电力投资将会有一定增长。随着资源环境约束的日益趋紧，将倒逼产业结构加快调整步伐，未来节能环保、新能源汽车、高端装备制造业和新材料等山西省发展严重不足的新兴产业将迎来新的发展机遇，对拉动投资和消费，形成新的经济增长点，推动产业升级，促进节能减排和民生改善，推动经济可持续发展产生重要影响。

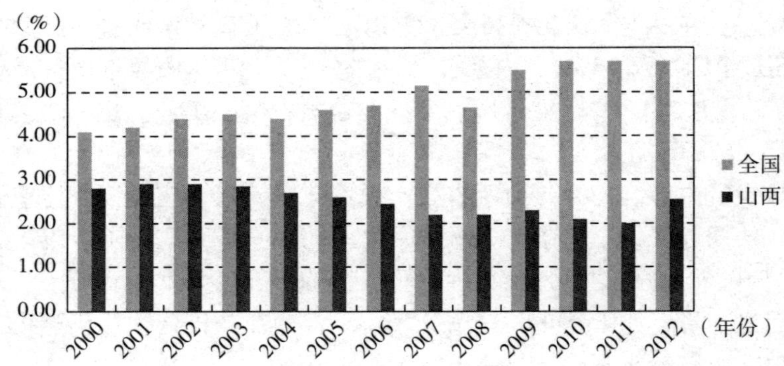

图 2-2　2000~2012年山西与全国房地产业增加值占GDP比重

资料来源：根据历年山西省统计年鉴整理所得。

从投资的三次产业比重看，加大服务业投资力度是山西省投资结构

① 通过核算2003~2012年10年的分行业投资占比情况，山西采矿业投资比重高于全国约11.3个百分点，而制造业低于全国6.18个百分点，房地产占比低于全国7.29个百分点，生产性服务业和公共服务业低于全国0.69和2.23个百分点。2012年较2011年略有下降，但总体呈增长态势（2003年采矿业占比9.76%，2012年占比17.85%），制造业投资下降（从2003年32.43%，下降为2012年的21.91%，）房地产和基础设施投资有一定增长，房地产2003年为12.5%，2012年20.95%，基础设施（水利、环境和公共设施管理业）投资5.54%，2012年8.37%，其他如生产性服务业投资从2003年3.5%，下降为2012年的0.72%，水、环境、公共设施服务业投资从2003年5.51%下降为2012年4.55%。

优化的基本方向。李克强总理指出，大力发展服务业，既是当前稳增长、保就业的重要举措，也是调整优化结构、打造中国经济升级版的战略选择。从山西省三次产业投资占比来看，2009年以前山西省二产投资占总投资的比重高达50%以上，超过全国10个百分点以上，而三产投资比重低于全国10个百分点以上，2009年以后二产投资比重逐步与全国基本持平，三产投资比重虽仍然低于全国，但差距缩小到5个百分点以内。

从山西省服务业内部投资结构来看，可进一步加大生产性服务业、公共民生服务业和房地产投资力度。新常态下，服务业将成为拉动经济发展的主要产业。山西省服务业比重刚刚超过40%，低于全国6个百分点。2012年，山西省固定资产投资占比中，采矿业占比17.85%，制造业占比21.91%，房地产占比20.95%，基础设施占比31.03%，其他服务业占比3.38%，特别是现代物流、信息等生产性、公共服务业投资更少。金融、信息、租赁等生产性服务业比重（十年平均）仅占1.81%，科教文卫、居民服务等公共服务业投资比重（十年平均）仅为4.92%，分别低于全国0.69和2.23个百分点。随着群众对公共服务需求的增加，将极大促进公共服务业投资的增长。房地产业方面，虽然2003~2012年山西省房地产投资保持了较快增长，投资占比提高了8.45个百分点，达到20.95%，但仍低于全国5.5个百分点；从投资总量来看，2012年，山西省房地产业投资额为1856.7亿元，不及河北（4656.5亿元）、陕西（3733.8亿元）等相近省份的一半。从房地产占GDP的比重看，2012年，房地产业增加值为224.91亿元，占地区生产总值的比重仅为2.49%，还不到全国平均水平（5.65%）的一半，呈逐年下降的趋势。因此，加大房地产投资仍然是山西省稳增长的一个重要着力点。从房屋结构看，虽然山西省90平方米及以下住房施工面积比重由2006年的19.21%已提高到24.75%，但近年来小户型新开工面积、竣工面积等均有所下降，因此山西省加快房地产投资要以棚户区改造、保障房建设和城中村改造为主。

从资金来源结构看，山西省自筹资金占比较大。山西省自筹资金在2000年占比50.7%，到2013年达到76.3%的历史峰值，是所有资金来源中占比上升最大的。而全国自筹资金在2000年占比49.79%，到2013年增长为68.07%，也为历史最高，但仍低于山西省比重。与全国变动趋势相近，山西省国内贷款、利用外资占比较低，且逐年下降之势。2001 年，山西省利用外资占比 3.5%（全国为 4.56%），国内贷款占比 24.8%（全国为 19.06%），到 2013 年，山西省利用外资占比下降为 0.29%（全国为 0.88%），国内贷款占比 7.98%（全国为 12.02%），下降幅度超全国，反映了山西省投资资金来源结构的恶化。

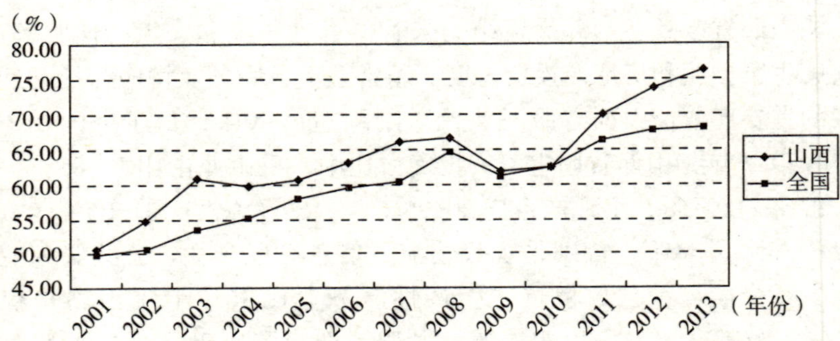

图 2-3　2001~2013 年山西与全国社会固定资产投资资金来源中自筹资金占比

资料来源：根据历年山西省统计年鉴整理所得。

二、消费方面

消费在推动经济增长中具有基础性作用，但长期以来，山西省消费率始终低于全国，消费作为推动经济增长的最终动力作用没有得到有效发挥。新常态下消费将成为全国经济增长的主要动力，山西省必须采取有效措施促进消费，使消费成为拉动经济增长的新动力。

从消费率的比较来看，山西省消费率总体偏低，近年来消费呈稳定增长态势，以消费带动经济增长具有较大潜力。比较各省消费率，近十年来，山西省消费率保持了和全国一致的变化趋势，但始终较低；在 2004 年以前，山西省消费率低于全国及其他省份，2005 年以后，消费率仍低于全国，仅高于内蒙古；2013 年山西省消费率为 39.6%，低于全国 2.2 个百分点。可见，山西省消费作为推动经济增长的最终动力作用没有得以充分发挥。同时，山西省消费保持平稳增长，自 2010 年开始，山西省社会消费品零售总额增长开始超过全国（全国 13.1%，山西 14.0%)，其中城镇消费品零售额增长也高于全国（2012 年，全国 12.9%，山西 13.9%)，表明山西省消费还有较大的增长潜力。可见，如果能够采取有效措施，将可保持并加快这一增长势头，可变增长潜力为现实动力。

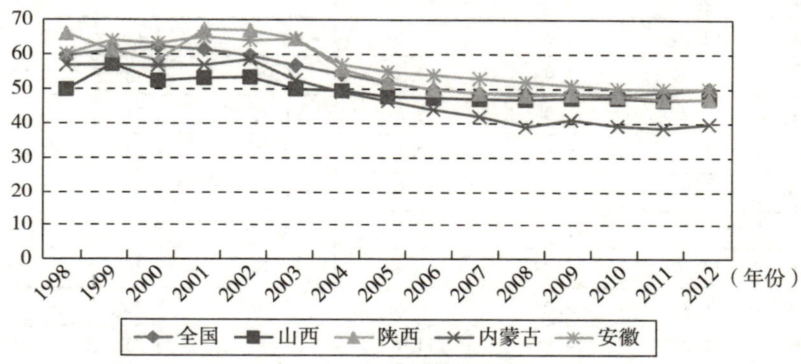

图 2－4 1998～2012 年全国与各省消费率比较

资料来源：根据历年山西省统计年鉴整理所得。

从消费潜力看，山西省城乡居民收入水平偏低，近年来收入差距呈缩小态势，为提升消费潜力奠定基础。总的来看，山西省城乡居民收入低于全国平均水平，仅占全国收入的 80%～85%，且城乡差距、行业差距较大。近年来，收入差距呈现积极变化：一是收入差距呈下降态势，从 2009 年开始，城乡收入差距逐年下降从 3.3∶1 下降为 2013 年的 3.14∶1；二是与全国一致，山西最高、最低收入差距也呈现下降态势，且最高收入与最低收入之比低于全国（2013 年全国 7.76，山西 7.28)；三是“十二五”时期前两年，山西省城乡居民收入年均增速分别达到 12.8% 和 14.7%，均快于全国的 12.2% 和 14.5%。山西省城镇居民人均可支配收入占全国平均水平的百分比由 2010 年的 81.9% 逐步上升到 2013 年的 83.3%，农民人均纯收入也有所改观，由 80.0% 升为 80.4%。这些积极变化将推动山西省居民消费能力的全面提升。

表 2-2　　2000~2013 年全国与山西居民收入增速及城乡差距

年份	全国城镇居民人均可支配收入增速(%)	全国农村人均纯收入增速(%)	山西城镇居民人均可支配收入增速(%)	山西农村人均纯收入增速(%)	全国城乡差距	山西城乡差距
2000					2.79	2.48
2001	9.23	5.01	14.12	2.65	2.90	2.76
2002	12.29	4.61	15.64	9.90	3.11	2.90
2003	9.99	5.92	12.36	6.96	3.23	3.05
2004	11.21	11.98	12.81	11.75	3.21	3.08
2005	11.37	10.85	12.79	12.50	3.22	3.08
2006	12.07	10.20	12.50	10.04	3.28	3.15
2007	17.23	15.43	15.33	15.24	3.33	3.15
2008	14.47	14.98	13.44	11.77	3.31	3.20
2009	8.83	8.25	6.69	3.59	3.33	3.30
2010	11.26	14.86	11.74	11.60	3.23	3.30
2011	14.13	17.87	15.88	18.27	3.13	3.24
2012	12.63	13.47	12.62	13.53	3.10	3.21
2013	9.73	12.37	10.02	12.50	3.03	3.14

资料来源：根据历年山西省统计年鉴整理所得。

从消费结构来看，山西省消费结构不尽合理且城镇居民消费在居民消费中的比重呈下降态势。从居民消费占最终消费的占比情况看，山西省近年来保持在 70%~72% 的水平，虽然始终低于全国，但近年来差距逐步缩小为 2~3 个百分点，出现转好的迹象。从居民消费内部结构看，自 2002 年至今，山西省农村居民消费比重与全国农村居民消费比重下降态势不同，始终稳定在 30% 左右，且高于全国；而山西省城镇居民消费在居民消费中的比重则由 200 下降态势，2013 年城镇居民消费占居民消费比重，全国为 77.80%，山西为 70.24%，2010 年全国为 77.28%，山西为 70.48%。

从居民消费倾向的比较看出，山西省居民消费倾向呈下降态势。20 世纪 90 年代中期以来我国城镇居民的平均消费倾向从 1990 年的 0.85 下降到 2000 年的 0.8，到 2013 年下降为 0.67。山西省的城镇居民的平均消费倾向从 2002 年的 0.76 下降到 2013 年的 0.59，相比之下，山西省下降幅度高于全国。可见，提高居民消费，特别是城镇居民消费是扩大山西省消费需求的着力点。

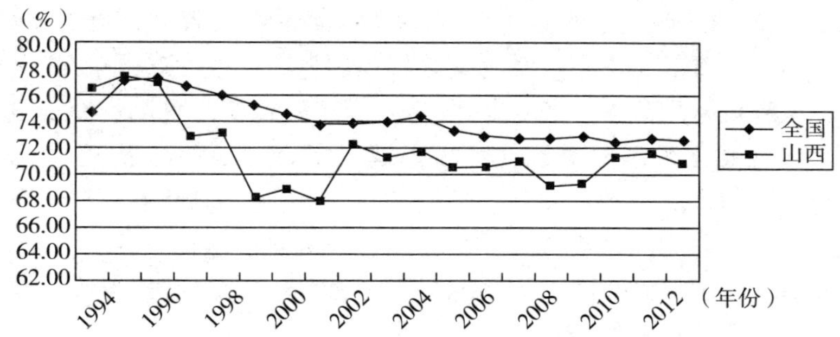

图2-5 1994~2012年全国与山西居民消费占比情况

资料来源：根据历年山西省统计年鉴整理所得。

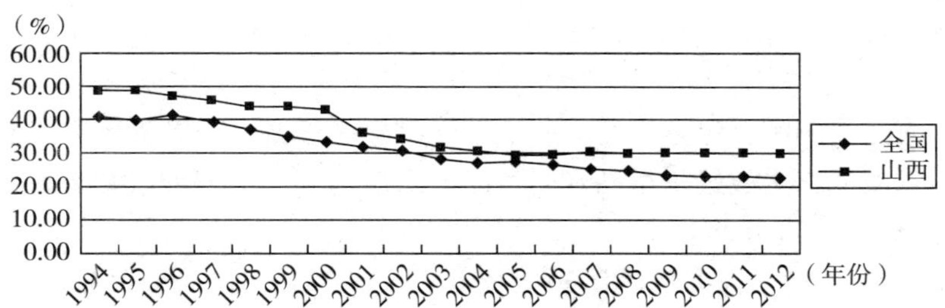

图2-6 1994~2012年全国与山西农村居民消费占居民消费比重比较

资料来源：根据历年山西省统计年鉴整理所得。

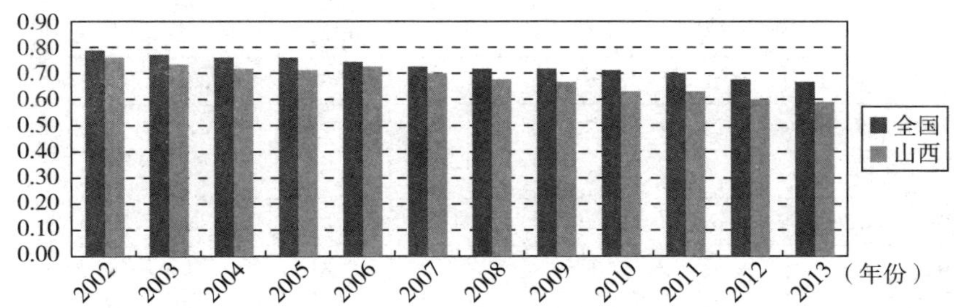

图2-7 2002~2013年全国与山西城镇居民平均消费倾向

资料来源：根据历年山西省统计年鉴整理所得。

从居民消费支出来看，山西省城乡居民消费升级的特征明显。在城镇居民的消费支出项目中，食品衣着支出比重下降，而交通通信、文化教育娱乐服务的支出比重显著提升。2005 年，山西省城镇居民的消费支出序列为：食品、衣着、教育文化娱乐服务、居住、交通通信、医疗保健、家庭设备用品及服务；2010 年消费序列转变为食品、交通通信、居住、教育文化娱乐、衣着、医疗保健、家庭设备用品及服务；2013 年消费序列为食品、教育文化娱乐服务、衣着、交通通信、居住、医疗保健、家庭设备用品及服务。其中食品、衣着支出比重下降，且呈下降态势（其中食品支出比重由 2005 年的 32.43%，到 2010 年下降为 31.17%，2013 年下降为 27.92%；衣着支出占比 2005 年为 14.71%，2010 年下降为 12.31%）；交通通信、文化教育娱乐服务比重显著提升（交通通信支出占比2005 年为9.53%，2010 年为提高为13.69%；文化教育娱乐服务比重由 2010 年的 12.56%，到 2013 年提高为 15.69%，提高超过 3 个百分点）。在农民生活消费性支出项目中，呈现同样的变动趋势：从 2005～2013 年，农民食品、衣着支出占比呈明显的下降态势，而居住、医疗保健、交通通信等支出呈明显提高，但值得注意的是山西省农民在文教娱乐用品及服务的支出占比从2005 年的 14.89%，下降为 2013 年的 8.78%。

表 2-3　2005～2013 年山西省农村住户生活消费性支出占比情况　单位：%

年份	食品	衣着	居住	家庭设备用品及服务	医疗保健	交通通信	文教娱乐用品及服务
2005	44.23	10.78	10.68	3.67	5.48	8.54	14.89
2006	38.51	10.10	13.54	4.36	6.33	9.95	15.08
2007	38.53	9.73	14.64	4.51	6.37	10.02	13.83
2008	38.96	8.92	15.71	4.46	6.79	10.61	12.29
2009	37.06	8.57	17.67	4.73	7.29	9.83	12.62
2010	37.46	8.62	16.78	4.74	8.98	9.76	11.47
2011	37.71	8.76	17.98	5.32	7.61	10.00	9.78
2012	33.42	9.01	20.52	5.36	8.81	11.25	8.95
2013	33.00	9.07	20.04	5.52	9.29	11.55	8.78

资料来源：根据历年山西省统计年鉴整理所得。

预计未来一段时期内，无论在城镇还是在农村，服务业、文教娱乐、金融保险服务等新型消费类型占总消费额的比重都将呈现明显的上升趋势，网络消费将继续受到追捧，会出现大幅度增长，预计网络消费增长会在50%以上。随着网络购物以其方便、快捷、价格低廉、足不出户完成各种购物迅速在年轻人中普及流行，对传统的进店销售模式产生极大的冲击，部分购买力外流对网络交易发展相对落后的山西消费品市场将产生一定影响。

三、能源利用方面

近年来，山西省依托资源禀赋的产业优势也随周边省份的发展逐渐下降。从其他能源开发态势来看，山西省的优势也受到挑战，此外还存在资源综合性开发利用相对滞后，产业链条短、精加工比较欠缺、循环经济没有形成规模、产业发展过于依赖初级产品等问题。国务院《能源发展战略行动计划（2014～2020年）》（国办发〔2014〕31号）指出，将压减煤炭消费，到2020年，全国煤炭消费比重降至62%以内。[①] 按照习近平总书记关于能源革命的讲话精神和我国能源战略行动方针要求，结合国内的能源资源禀赋和进口安全形势影响，山西省能源利用尤其是煤炭工业的未来呈现以下发展趋势：

以煤为主的能源供应格局近期难以改变，但煤炭消费增速、总量和占比将呈下降趋势。在我国一次能源结构中，煤炭消费量2013年仍然高达一次能源总量的66.6%；我国已查明煤炭资源储量1.42万亿吨，占一次能源资源总量的94%；石油、天然气的对外依存度分别达到58.1%和31.6%；短期内难以大幅度增加新能源、可再生能源的比重。模型分析表明，即使考虑到非常规油气和可再生能源的高速发展，煤炭占我国一次能源消费比重在2020年前仍将超过60%，在2030年前超过50%。在国际经济深度调整、国内经济“三期叠加”、国家能源政策密集调整的影响下，我国的煤炭产量增速已经明显下降，从前10年年均产量增加2.0亿多吨、增长9.6%，回落到2013年增加0.3亿吨、增长0.82%。伴随煤炭增速下降，煤炭消费总量也将很快达到峰值、然后出现下降。

---

① 计划指出，将削减京津冀鲁、长三角和珠三角等区域煤炭消费总量。加大高耗能产业落后产能淘汰力度，扩大外来电、天然气及非化石能源供应规模，耗煤项目实现煤炭减量替代。到2020年，京津冀鲁四省市煤炭消费比2012年净削减1亿吨，长三角和珠三角地区煤炭消费总量负增长。

在全国经济增速放缓、能源供给多样化、资源环境约束加剧等因素的影响下，对山西省煤炭需求总量和市场份额将形成巨大挤压，对山西省资源型加剧发展将形成新的约束。长远来看，推进能源生产与消费革命将给煤炭行业带来挑战。煤炭作为我国的基础能源，在很多地方使用效率较低，节能潜力较大，抑制不合理能源消费会在一定程度上影响煤炭消费。与此同时，随着新能源和可再生能源不断发展，多元化的能源供应体系逐步建立，未来新增能源需求中煤炭所占份额必然会不断下降。面对能源生产与消费革命带来的挑战，煤炭行业需要提早准备，积极应对。

实现高碳产业低碳发展、黑色煤炭绿色发展、化石能源清洁发展，是煤炭革命最核心的问题、最艰巨的任务，也是山西省未来经济发展最大的潜力所在。山西省具有丰富的能源资源、较低的要素成本、独特的区位条件，依然是我国实力最强，优势明显的综合能源基地。2013 年山西煤炭产量达到 9. 62 亿吨，比 2007 年增长了 52%。近年来，山西省着眼于煤炭在我国能源生产消费中的主导地位，着力提升煤炭开采和综合利用水平，加大煤层气开发力度，以清洁煤技术为发展点，以煤电一体化为着力点，以多方联产和综合利用为手段，努力开创煤化工研发的新局面，为综合能源基地建设奠定了较好的基础。2013 年以来山西省加快推进煤炭管理体制改革，加快大集团、大基地建设，稳定产能和外送煤量。大数就是产能控制在 10 亿吨左右，外送煤量控制在 6 亿吨左右。而且要调整山西煤炭产能的结构，大集团的产能要占到 70% 以上，千万吨以上的矿井要占到总产能的 20% 以上。为此，山西省煤炭产业发展着力实现“市场主导型”“清洁低碳型”“集约高效型”“延伸循环型”“生态环保型”“安全保障型”的六个转变，将煤炭从传统的主体能源升级为“绿色”的主体能源、从高排放向低排放转变、从规模粗放型发展向质量效益型发展转变，有效平衡好日益增长的能源消费需求、日益加大的环境保护压力、日益增加的企业持续发展和员工实现全面小康社会目标之间的关系。

四、产业结构方面

过去，山西省产业结构畸重，以采矿、炼焦、冶金、电力、化工等行业为主体的资源型产业体系是山西省经济增长的主要支撑。分析近年来产业结构的变化，发现以下趋势：

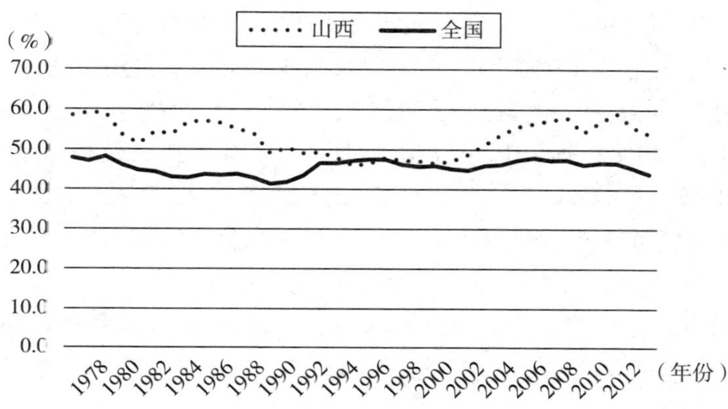

图 2－8　1978～2013 年山西与全国第二产业比重比较

资料来源：根据历年山西省统计年鉴整理所得。

从产业结构变化来看，山西省第二产业比重总体高于全国，且呈下降态势。2010 年山西省二产占比为 56.9%，2013 年下降为 53.9%；而 2010 年全国二产占比为 46.7%，2013 年下降为 43.9%。

从工业内部来看，资源型产业增加值占工业增加值比重来看，资源型产业呈降低态势，但资源型产业占 GDP 的比重不断提高。2001 年的资源型产业占工业增加值的比重为 81.49%，到 2012 年降低为 75.85%。从 GDP 构成来看，山西省的资源型产业占 GDP 比重从 1992 年的 26.16%，在 2000 年降低为 18.49%，随后又逐年提高，到 2010 年达到最高（44.83%），到 2012 年降低为 38.53%（见图 2－13）。资源型产业比重的提升，说明资源型经济的强化，发展方式的固化。从资源型产业内部来看，资源型采掘业占据重要位置，且逐年升高。山西省采矿业（资源型采掘业）所占工业增加值比重从 2001 年 29.27%，到 2012 年的 62.58%，采矿业在山西工业中的重要支柱产业，其中煤炭采选业从 2001 年增加值占比 28.12%，到了 2012 年，比重提高至 60.33%（见表 2－4、图 2－14）。在 2004 年以前，一直在 26%～35% 之间，2005 年以后，占比升高，到 2011 年达到最高（60.98%），2012 年降至 60.33%。而煤炭采选业比重 2008 年大幅提高的原因有：一是煤炭价格变化，原中央煤炭企业商品煤平均售价 304.81 元/吨，到 2008

年的418.55元/吨；二是资源型公用事业降低，电力、热力的生产和供应业增加值在2007年是2566672万元，在2008年降至1833816万元，占工业增加值比重也由2007年的9.15%降低至2008年的5.10%。伴随资源型采掘业比重的提高，资源型制造业及资源型公用事业所占比重呈现出逐年下降趋势。其中石油加工、炼焦及核燃料加工业比重从2001年的5.88%，到2012年下降到4.75%；化学原料及化学制品制造业也是下降，从2001年的6.01%，下降为2012年的2.62%；化学纤维制造业、非金属矿物制品业、黑色金属冶炼及压延加工业、有色金属冶炼及压延加工业比重降至非常低的水平。电力、热力生产和供应业、燃气生产和供应业也从2001年的16.14%，降低为2012年的5.90%。

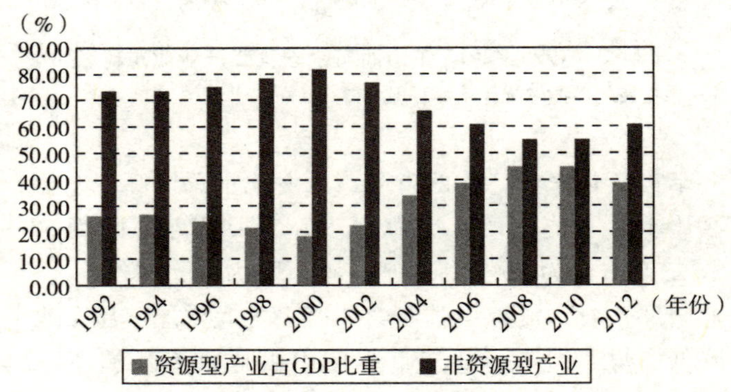

图2－9 山西省资源型产业、非资源型产业占GDP比重变化

资料来源：根据历年山西省统计年鉴整理所得。

表2－4 山西省资源型产业分行业增加值占工业增加值比重 单位：%

指标 \ 年份	2001	2005	2006	2007	2008	2009	2010	2011	2012
煤炭开采和洗选业比重	28.12	38.41	39.17	38.64	52.96	58.94	58.39	60.98	60.33
黑色金属矿采选业比重	0.67	1.60	1.54	1.65	1.53	0.88	1.73	2.00	2.08
有色金属采选业比重	0.13	0.07	0.28	0.26	0.28	0.16	0.14	0.20	0.16
非金属矿采选业	0.35	0.24	0.20	0.20	0.02	0.03	0.02	0.00	0.01

续表

指标 \ 年份	2001	2005	2006	2007	2008	2009	2010	2011	2012
资源型采掘业占比	29. 27	40. 32	41. 18	40. 75	54. 79	60. 01	60. 28	63. 18	62. 58
石油加工、炼焦及核燃料加工业	5. 88	11. 67	10. 66	11. 43	13. 14	8. 69	8. 12	6. 45	4. 75
化学原料及化学制品制造业	6. 01	4. 00	3. 87	4. 29	3. 08	2. 49	2. 58	2. 56	2. 62
化学纤维制造业	0. 152	0. 045	0. 031	0. 071	0. 015	0. 002	0. 002	0. 001	0. 000
非金属矿物制品业	3. 61	1. 68	1. 67	1. 59	1. 54	1. 91	1. 83	0. 00	0. 00
黑色金属冶炼及压延加工业	15. 14	16. 46	15. 42	16. 77	10. 22	9. 71	9. 42	0. 00	0. 00
有色金属冶炼及压延加工业	5. 29	4. 69	5. 72	4. 78	3. 00	0. 88	1. 87	0. 00	0. 00
电力热力燃气生产和供应业	16. 14	9. 94	10. 26	9. 15	5. 10	6. 13	5. 52	4. 76	5. 90
资源型产业总计	81. 49	88. 82	88. 81	88. 83	90. 87	89. 82	89. 63	76. 94	75. 85

资料来源：根据历年山西省统计年鉴整理所得。

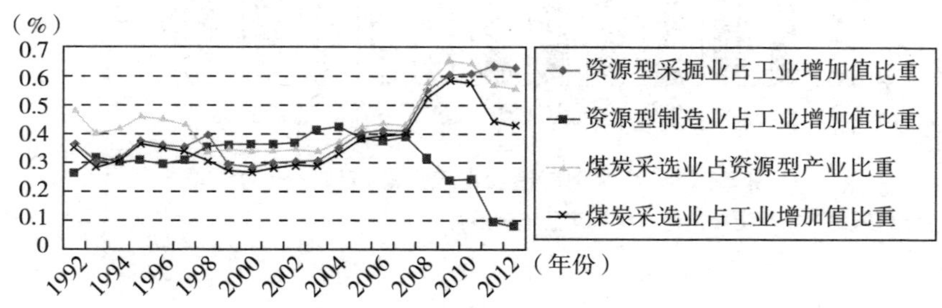

图 2-10 山西省资源型产业内部占比情况

资料来源：根据历年山西省统计年鉴整理所得。

与其他资源型省份一样，山西资源型产业比重总体升高，但其资源型产业单一化、低级化、初级化趋势更为明显。一是从资源型产业占工业总产值的比重来看，山西、陕西、内蒙古资源型产业的比重都呈现出逐年升高的趋势，而山西比重一直高于其他省份，2001 年，山西 76. 93%，高于陕西（42. 68%）、内蒙古（60%），到 2011 年，山西 86. 68%，陕西 65. 95%，内蒙古 72. 30%。

二是比较资源型采掘业占工业总产值和资源型制造业占工业总产值的比重，山西都高于其他资源型省份。除了2002年陕西资源型采掘业比重略高于山西外，其他年份资源型采掘业比重都高于其他省区。围绕资源的延伸利用，资源制造的比重虽然较高，但山西从2007年（47.80%）开始呈现下降态势。到2011年逐渐降为36.75%。而相比而言，陕西省资源制造占比从2001年的16.74%，开始逐年升高，到2012年，比重提高到30.71%。内蒙古则相对稳定，比重从2001～2011年始终保持占比30%以上。在资源型采掘业内部，山西煤炭采选业在工业增加值的比重也是远高于其他省份。煤炭采选业从2001年的21.59%，提高到2011年的42.06%，提高了近1倍。而陕西、内蒙古2001年分别占2.79%、7.75%，到2012年，虽然有所提高，但仅占13.24%，21.34%，低于山西规模。

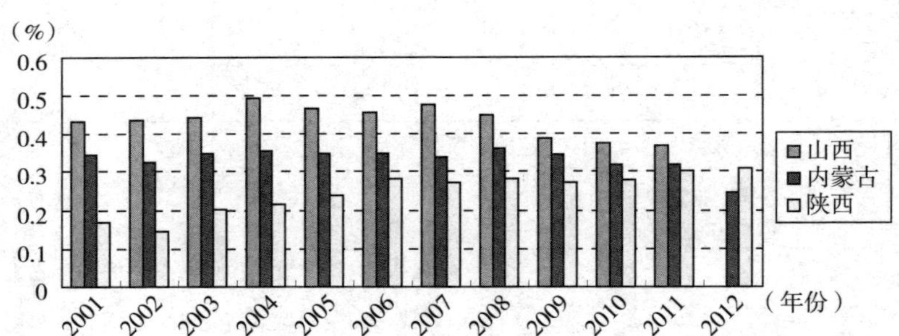

图2-11 资源型制造业占工业总产值比重的比较

资料来源：根据历年山西省统计年鉴整理所得。

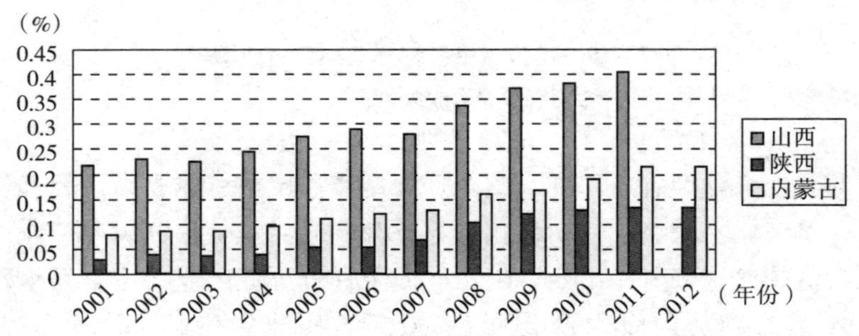

图2-12 煤炭采选业占工业总产值比重的比较

资料来源：根据历年山西省统计年鉴整理所得。

五、所有制结构方面

所有制结构是指国民经济中各种经济成分之间的比例关系。分析山西省近年不同所有制企业的变化，发现以下变化趋势：

从企业法人单位数来看，山西省企业法人数增速较快。2011 年，山西省企业法人单位数增长 1.23%，低于全国 12.48% 的水平，2012 年，山西省企业法人单位数增长（13.71%）超过全国水平（13.03%），其中 2012 年山西省国有企业法人单位数增速（1.42%）低于全国水平（2.12%），而私营企业法人单位数增速（19.79%）高于全国（12.61%）。

从不同所有制企业所占比重来看，山西省过去占比较大，而私营企业、外商及港澳台投资企业增长较慢，且占比低于全国水平。山西同全国变动趋势一致，即国有企业比重占比减小，且逐步下降，私营企业占比较高，且呈逐渐上升态势。山西国有企业占比从 2010 年的 4.72% 下降为 2012 年的 3.77%，全国国有企业占比从 2010 年的 2.36% 下降为 2012 年的 1.93%，显示山西国有企业数量偏多，比重较全国高；从私营企业占比中看出，山西 2010 年 56.46%，2012 年 58.94%，全国 2010 年 71.86%，2012 年 71.41%，显示山西私营企业尽管增长，但占比仍低于全国；从外商及港澳台投资企业占比看，山西 2010 年占比 0.38%（企业法人单位数量为 487 家），到 2012 年占比为 0.30%（企业法人单位数量减少为 477 家），全国 2010 年占比为 3.33%（企业法人单位数量 217217 家），2012 年占比下降为 2.94%（企业法人单位数量增长为 243453 家，增长 12.08%），显示山西对外引进企业落后。

从不同所有制企业的资产占比来看，山西国有及国有控股工业企业资产占比均高于全国水平，而私营、外商工业企业资产占比低于全国水平。通过对比三种经济形式（国有及国有控股、私营企业、外商及港澳台商投资企业）的工业销售产值、资产占比情况，可以得出：从国有及国有控股工业企业资产占比情况看，山西、陕西、内蒙古均高于全国（40.62%），山西高于内蒙古，但低于陕西占比（76.06%）。从工业销售产值占比情况来看，山西、陕西、内蒙古均高于全国（25.14%）。从私营企业工业资产和外商及港澳台商投资工业企业资产占比来看，三省区的工业销售产值、资产占比均低于全国平均水平。

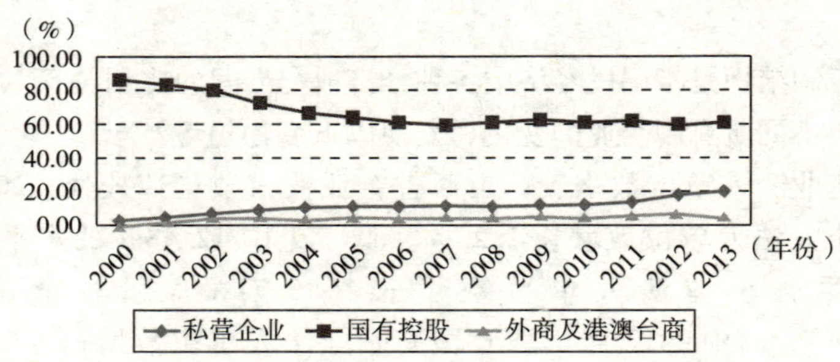

图 2－13　山西不同所有制工业企业资产占比情况

资料来源：根据历年山西省统计年鉴整理所得。

从近年资产增长率比较来看，山西私营企业工业资产增长率在2011 年、2012 年高于全国及其他省份，而国有控股资产增长率长期低位运行，与全国水平差距较大。利用资产增长率判断不同所有制形式的经济活力。通过对比国有控股工业企业和私营工业企业的总资产增长率，可以看出，国有控股总资产增长率，除了 2009 年内蒙古的增长率低于全国及其他省份，其他年份总资产增长率都高于全国水平，在2007 年、2008 年、2010 年三个年份，山西都低于陕西、内蒙古。

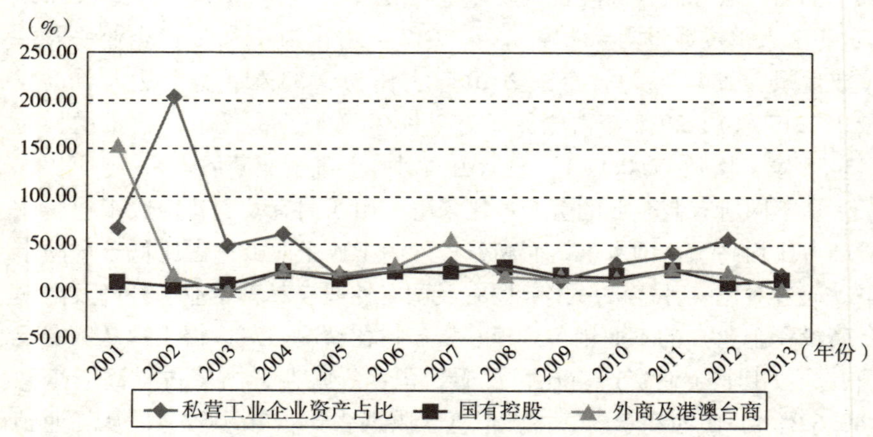

图 2－14　山西省历年不同所有制工业企业资产增长率

资料来源：根据历年山西省统计年鉴整理所得。

从总资产贡献率的比较来看，山西不论是国有经济还是私营经济的，经营绩效总体都低于全国及其他省份。总资产贡献率反映企业资金占用的经济效益，说明企业运用全部资产的收益能力，是企业经营业绩和管理水平的集中体现，是评价和考核企业盈利能力的核心指标。比较不同所有制形式的总资产贡献率，也在一定程度上对经济绩效进行反映。

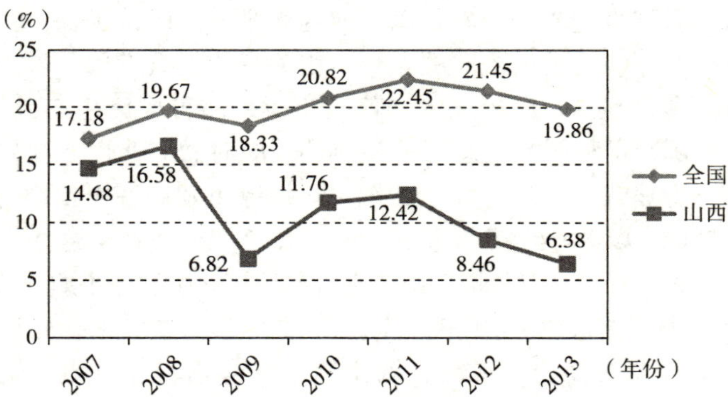

图2－15　2007～2013年全国及山西私营工业企业总资产贡献率比较

资料来源：根据历年山西省统计年鉴整理所得。

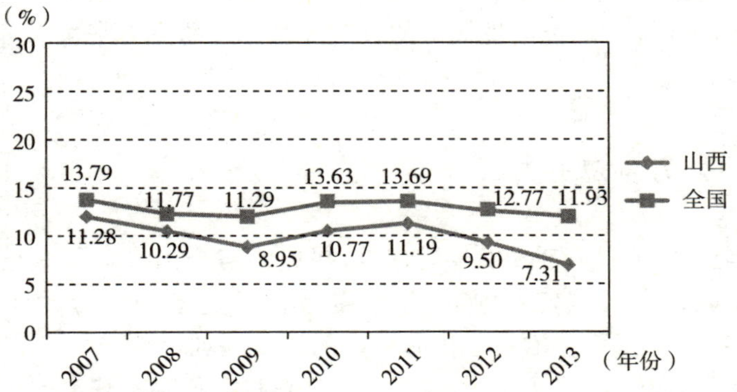

图2－16　2007～2013年全国及山西国有控股工业企业总资产贡献率比较

资料来源：根据历年山西省统计年鉴整理所得。

六、资源环境方面

近年来，山西省在节能减排、资源环境保护方面积极响应国家政策，资源环境保护整体状况逐步好转。特别是王儒林书记在2014年省委十届六次全会上提出，适应当前形势，山西省将推进“六大发展”，煤炭产业将实现清洁低碳型、生态环保型等“六型”转变，以绿色开采、清洁利用为重点，以技术进步为引领，以产权为纽带，以政策为保障，最大限度减少采煤对环境的破坏，推进煤炭及相关行业低碳发展。着力加大采煤沉陷区治理，实施矿区生态治理修复工程，完善矿区生态补偿机制，实现煤炭资源开发利用与生态环境相协调。同时做好非煤产业发展这篇大文章，全力破解“一煤独大”的困局。把绿色发展融入到经济社会发展的各个领域，以循环经济为重点，构建绿色产业体系。这些发展理念和政策上的重大调整，有望推动山西省资源环境状况发生本质性改变。

此外，山西省自2010年启动节能标准制定工作以来，先后出台的镁冶炼、电石、铁合金、水泥、氧化铝、电解铝、合成氨、烧碱、钢铁、风电法兰、铸钢件等单位产品能耗限额地方标准和一系列推荐性标准达41项。这些针对山西省产业发展实际的节能标准逐步施行，将为推进节能工作的标准化打下坚实基础，效应将在今后几年逐步显现。随着山西环境保护力度的逐步加大，环境治理投入的逐年增加，环境保护机构的不断健全，环境治理能力的日益提升，山西省未来生态环境改善稳定可期。

七、人力资源方面

我国已于2008年前后跨越刘易斯拐点，与全国人口红利近于消失的趋势不同，山西省农村劳动力转移仍有一定潜力，劳动年龄人口（15～64岁）总量仍在增长，仍有一定的人口红利。

山西省劳动年龄人口增长减缓，人口总抚养比呈下降态势。总的来看，山西省劳动力人口总数接近峰值。2010年以来，山西省劳动年龄人口（15～64岁）增长呈减缓趋势，2012年劳动年龄人口占比首次出现下降，人口总抚养比连续下降。

表 2－5　　2005～2013 年山西省人口年龄构成和抚养比

年份	0～14 岁(%)	15～64 岁(%)	65 岁及以上(%)	总抚养比
2005	21.30	71.55	7.15	39.76
2006	20.20	72.60	7.20	37.74
2007	19.64	73.02	7.34	36.95
2008	18.35	73.75	7.90	35.59
2009	17.32	74.60	8.08	34.05
2010	17.10	75.33	7.58	32.75
2011	16.47	75.62	7.91	32.24
2012	16.44	75.59	7.97	32.29
2013	15.83	75.80	8.37	31.93

资料来源：根据历年山西省统计年鉴整理所得。

山西省的农村劳动力转移仍然存在一定的优势。2005 年以来，山西省农业劳动者人数稳定在 640 万人左右，约占劳动年龄人口的 24%，占山西从业人数的 36%，到 2013 年增加为 650.6 万人，为 2005 年以来历史最高。按照劳均播种面积推算法，2011 年山西省农村剩余劳动力数量约在 240 万～360 万人。相对于全国 2008 年已经跨越刘易斯拐点，尽管劳动力转移对非农部门人力资本增长的贡献在减小，但山西省依然有一定的农村剩余劳动力优势。

山西省高校毕业生人数超过农民工新增人数。2010 年以来，山西省新增就业人数约在 50 万以上，大中专毕业生合计每年毕业人数超过 30 万，占新增就业比重的 60% 以上，其中高等学校毕业生人数超过 16 万，占新增就业人数的 30% 以上。劳动力供给结构得到优化。

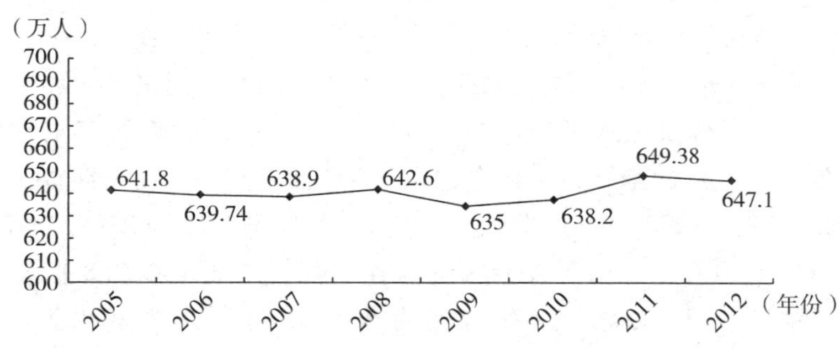

图 2－17　2005 年以来山西省农业劳动者人数

资料来源：根据历年山西省统计年鉴整理所得。

表 2-6　　2006 年以来山西省新增就业及构成情况

年份	大中专毕业生				新增就业	大中专毕业生占比(%)	高等学校毕业生占比(%)
	高等学校	普通中专	职业中学	技工学校			
2006	108431	56039	57403	23894	609600	40.32	17.79
2007	132101	75377	60073	33588	344900	87.31	38.30
2008	141214	77120	71481	38391	184500	177.89	76.54
2009	153422	75602	70865	31754	165000	201.00	92.98
2010	165545	54669	78368	48592	553000	62.78	29.94
2011	152680	62044	80175	40296	529900	63.26	28.81
2012	162571	62927	79604	32335	512800	65.80	31.70

资料来源：根据历年山西省统计年鉴整理所得。

八、资本供给方面

改革开放初期，山西省还是一个资金净流入省份，而从 20 世纪 90 年代中期开始，成为一个资金净流出省份，资金流出绝对额和占存款比重逐步走高。资金外流说明山西省资金回报率较低，对资本的吸引力不足，是山西省资本领域的突出问题。从总量上看，山西资金供求不够平衡，一方面是大量宝贵信贷资源没有得到充分的利用，另一方面是经济发展中还存在着一定的资金缺口。当前，必须统筹利用各类金融资源，最大限度地提高金融资源的使用效率，是今后金融服务地方经济建设亟待破解的一个课题。

从存贷比的变化来看，山西省近年呈现积极变化。长期以来，山西省存贷比例较低，没有很好地做到资金取之于山西、用之于山西。一般地讲，银行存贷款比例正常值为 70% 左右，而山西省银行存贷比例长期处在 50% 左右的水平，排在中部末位，且从 2005 年以来存贷比呈下降趋势，2005 ~ 2009 年分别为：60.54%、56.36%、54.42%、48.71%、50.23%。2010 年末，山西省金融机构各项存款余额 18639.8 亿元，各项贷款余额 9728.7 亿元，存贷差为 8911.1 亿元，存贷比为 52%。2013 年存贷款余额高达 1.12 万亿元，占山西存款总额的 42.8%，2013 年 12 月末，山西本外币存贷比为 57.19%，为 5 年来最高水平，较 2012 年末的 54.69% 提高了 2.5 个百分点，较 2008 年末的 47.1%

提高了10.09个百分点。

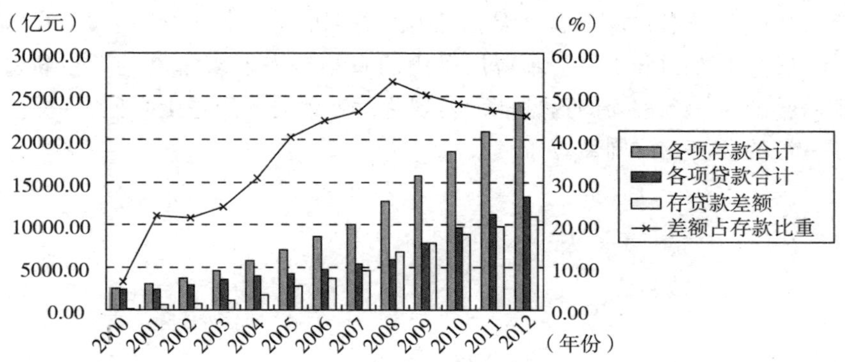

图2-18　2000年以来山西省存贷款及其余额情况

资料来源：根据历年山西省统计年鉴整理所得。

山西省存款增速明显，个人贷款尤其是住房消费贷款增长较快。2004~2013年，山西省存款超2.6万亿元，10年间年均增速18.8%。（到2013年12月末，山西人民币存款余额26105.4亿元。其中，个人储蓄存款余额13339.37亿元，比2004年增加9997.1亿元，年均增长17%。）从2004~2013年，山西省各项存款年均增速达到18.8%。2013年底，个人贷款余额799亿元，其中个人住房按揭贷款549.9亿元，占个人贷款的69%，信用卡贷款56.7亿元，占个人贷款的7%。

金融业已经成为山西省经济发展的重要支撑。2013年，金融业对GDP的贡献率达到19.8%，而在金融危机的2009年，更是达到57%。2013年金融业实现增加值736.3亿元，同比增长11.2%，拉动GDP增长1.8个百分点，金融业占全部GDP增加值的比重为5.8%。2013年底，山西省银行机构资产总额达到31969亿元，同比增长10.6%，较2004年的6247.9亿元增长了4.1倍，年均增速为20.1%；银行业金融机构税后利润373.7亿元，资产利润率1.2%。2013年金融业实现增加值736.3亿元，同比增长11.2%，对GDP的贡献率为19.8%，拉动GDP增长1.8个百分点，金融业占全部GDP增加值的比重为5.8%。

民间资本发展不充分，民间借贷发展活跃。据不完全统计，目前山西民间资本有万亿元左右，地下民间借贷行为非常活跃。2013年，山西民间各借贷监测点发生借贷7.3亿元，加权平均利率为24.7%，同比降低了 5 个基点。山西省民间资本比较充裕，山西的民间资本预测不少于6000 多亿元，再加上从资源整合中撤出的部分煤炭资本，山西的民间资本是一个不容忽视而且大有可为的资本形态。

通过上面的分析，初步得出了山西省经济发展新常态的运行轨迹，山西会经历一个重要的盘整期，实现速度下台阶、质量上台阶，并进入新一轮的经济发展周期。

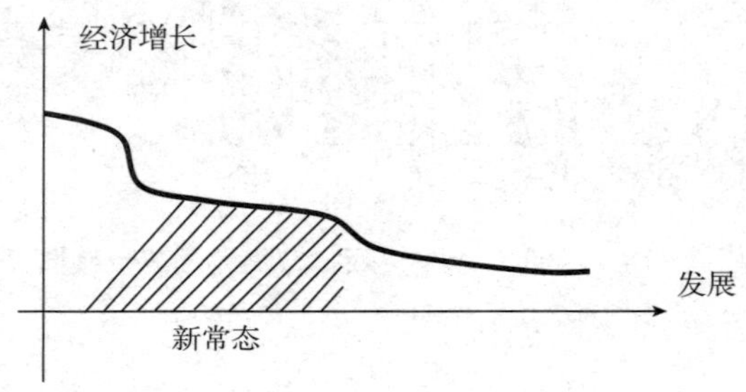

图 2-19　经济发展新常态运行轨迹

第三节　新常态对山西宏观质量建设的具体要求

一、大力加强质量综合管理

加强实施质量强省的战略规划，深入贯彻落实《质量发展纲要(2011~2020)》，健全质量保证体系机制，认真履行质量宏观管理职责，加大管理力度，改进管理方式，培育市场机制，不断完善大质量工作格局。

(一) 创新质量宏观管理

加强和改进政府质量工作考核，建立健全科学规范的考核评价体系，强化考核结果运用，对考核不达标地区实行约谈制度，推动开展市、县级政府质量工作考核。严格质量事故调查和责任追究，加大警示问责和督导整改力度。进一步健全大质量工作机制，制定实施质量强省行动计划，继续深入开展质量强市、质量强县活动。完善质量奖励制度，评选表彰“中国质量奖”，推动各级地方政府开展质量奖表彰，树立质量发展标杆。完善政府质量奖配套激励措施，引导地方政府在采购、招投标等方面给予政策性优惠。加强部门协同，创新引导政策，以财政、税收、土地、金融等政策工具推动质量提升。

（二）推进质量诚信体系建设

结合国家社会征信体系建设，完善产品质量追溯和责任追溯体系，健全信用标准体系，搭建质量信用平台，完善企业质量信用信息采集、考核、管理、公示、评价机制，开展企业质量信用评级，推进信用分级分类管理。推进质量信用信息社会公示和部门共享，完善质量信用守信激励和失信惩戒机制，加大激励惩处力度。推进诚信计量体系建设，开展诚信计量自我承诺示范活动。对进出口食品农产品生产经营企业依法实施信用管理，建立进出口信用记录制度。推动企业强化质量主体责任和诚信意识，实施产品质量信息自我披露，公开产品质量承诺，发布质量信用报告，强化企业自觉承担质量主体责任意识。

（三）强化宏观质量统计分析与信息发布

加强宏观质量和效益研究，探索建立科学反映质量提升成效的综合指标，健全以产品质量合格率、质量竞争力、质量工作满意度、质量技术基础等为主要内容的质量指标体系，推动将质量指标纳入山西省经济和社会发展统计公报。研究建立城市发展质量指标体系，推动城市发展由外延扩张式向内涵提升式转变。完善质量统计调查和监督抽查制度，加强质量状况分析，提供着眼经济发展全局、反映质检部门作为的高水平质量状况分析报告，建立质量信息发布制度，定期发布区域性质量竞争力指数，将质检部门打造成为“质量信息权威发布机构”，建立集信息发布、在线调查、资源共享、沟通交互于一体的质量综合服务平台。

（四）构建质量社会共治格局

建立健全公众参与质量治理机制，依法公开行政处罚、监督抽查结果等质量监管信息，曝光重大质量违法行为及其后续处理情况。推动建立质量问题有奖举报、惩罚性赔偿、公益诉讼以及小额诉讼等制度，推行质量首负责任制，健全质量安全多元救济制度，构建以消费者权益保护为核心的社会监督体系。持续深入开展“质量月”活动，在山西省大力提倡工匠精神，营造精益求精、崇尚质量、追求卓越的氛围，培育扶持公益性质量社会组织，鼓励和支持商会、学协会、中介组织、特邀监督员、大学生志愿者等社会力量参与质量监督。支持企业实施质量升级计划，推动万家中小企业在质量管理、标准、品牌等方面开展过程控制和质量绩效对比，指导千家制造业、服务业龙头企业开展竞争性绩效对比，加快标准创新、技术创新和管理创新。规范企业产品合格出厂机制，加强行业指导，形成政府监管部门、行业组织、企业和消费者质量控制联动机制。加强质量学科建设，强化质量职业教育和高等教育，完善质量人才培养模式，全面提升政府领导、企业经营管理者、产业工人的质量素养，组织各地培训政府质量工作分管领导、企业法定代表人和质量主管，推动全民质量素质的显著提升。

二、全面提升质量总体水平

实施质量品牌提升工程，发挥标准引领作用，加大打击质量违法力度，促进质量整体水平提升，不断增强人民群众的“质量获得感”。

（一）加强品牌建设

加大品牌创建支持力度，完善品牌评价标准体系，规范品牌价值评价活动。创建山西省知名品牌示范区，打造知名区域品牌，举办特色品牌展示活动，放大品牌效应，形成品牌竞争新优势，推动制造业从中低端迈向中高端。引导企业通过跨境电子商务塑造自有品牌，推动品牌评价国际化进程，助推中国品牌“走出去”。强化品牌维权机制，利用现代防伪溯源等技术手段加大品牌保护力度。加强品牌战略研究，发挥中介组织的桥梁纽带作用。打造一批社会公信度高、有广泛影响的管理体系、服务和自愿性产品认证品牌，服务质量提升、产品创新、产业升级。打造一系列管理体系、服务和产品认证机构品牌及养老、健康、低碳、节能认证制度品牌。加强国家地理标志产品保护，推进地理标志产品专用标志使用改革，开展地理标志产品品牌评价。开展生态原产地产品保护立法研究，完善保护制度；制定一批保护产品标准；加快建设生态原产地产品保护溯源监管平台，应用生态原产地产品保护和示范区建设，助推生态产业发展和生态扶贫，以生态原产地产品保护助推品牌建设，推进绿色消费和境外消费回流；倡导“一带一路”沿线国家绿色生态互惠发展行动；引导 APEC 绿色供应链在中国生态原产地产品保护成功实践基础上，合作研究生态原产地产品保护制度评定标准与绿色供应链评价标准对接；在 APEC 绿色供应链平台宣传推广生态原产地产品保护示范项目，与 APEC 成员国交流最佳实践，不断提升生态原产地产品保护品牌的公共和国际认知度。

（二）着力重点领域质量提升

开展重点产品质量提升行动，制定重点产品质量监督目录。实施消费品质量提升工程，对重点消费品开展重点性能指标比对抽查，突出消费者普遍关心的空气净化器、电饭煲、智能手机、儿童玩具等重点产品，不断提高国内消费品供给质量，积极引导海外消费回流。在婴童用品、家电等领域实施覆盖产品全生命周期的质量管理、质量自我声明和质量追溯制度。贯彻落实《家用汽车产品修理、更换、退货责任规定》，提升汽车产品质量，推动建立汽车同质配件、汽车联网产品、安防产品、轨道交通产品认证检测体系。实施工业产品质量提升行动计划，加强工业计量标杆示范，推动重点领域突破和传统产业升级，实现汽车、电力装备、高档数控机床、轨道交通装备、大型成套技术装备、工程机械、特种设备、电子测量仪器、通信设备等重点行业产品质量达到国际同类产品先进水平。提升战略性新兴产业标志性支柱性产品质量。运用大数据等现代信息技术手段，定期分析重点地区质量状况，开展重点地区产品质量提升行动，围绕地方支柱产业和产业聚集区实施一批质量提升示范工程。帮扶电子商务生产企业提升质量保障能力，助力电子商务经营企业建立质量管理体系，促进电子商务产品质量提升。推动中国标准与国外先进标准全面接轨，以标准提升引领质量提升，创新运用认证认可手段，提升市场个性化、高品质产品供给水平，促进内外销产品“同线同标同质”。探索建立艺术品鉴证质量溯源体系，加强艺术品市场质量监管。

（三）推动出口商品质量提升

开展中国制造海外形象维护“清风”行动，建设出口假冒伪劣商品海外打假维权监测网，履行双边检验监管合作协议，与进口国建立跨境执法协作机制，以打击假冒手机、摩托车及零配件、服装和手包、小商品、化工品、轮胎为重点，促进输非、输中东、出口“一带一路”沿线国家等商品质量提升。加强对国际采购体系和跨境电子商务平台的动态监管，完善便利跨境电子商务、外贸综合服务等新型贸易方式和商业模式的检验检疫措施，探索完善“监督抽查”“追溯标签”“追溯调查”等监管新模式，促进跨境电子商务产品质量提升。大力推动出口工业产品质量安全示范区和示范企业建设，培育山西制造品牌，提升山西制造形象，增强消费者对山西制造的信心。研究建立服务农产品出口公共技术平台，加强农产品出口质量安全监管。推动构建基于检验检测认证技术服务的全球商品溯源平台。

（四）推进服务业质量提升

健全以质量管理、诚信评价、行政监管、风险监测、测试评价、认证认可等制度为核心的服务质量治理体系，提升服务业标准化水平，规范服务质量分级管理，推动建立优质服务承诺标识与管理制度，培育一批能够代表“中国服务”形象的优质企业。完善顾客满意度、万人投诉量、品牌价值增长率等服务质量发展指标，开展服务业质量监测分析，加快构建重点服务行业质量监测体系。实施服务标杆引领计划，提升重点服务行业质量水平，联合开展旅游服务质量标杆单位遴选，在物流等重点服务行业实施质量提升工程。构建山西重点城市公共服务质量监测网，发布公共服务质量监测报告，引导地方政府加强公共服务质量管理。深入开展国家级服务业标准化试点，强化金融、物流、养老、文化等服务业标准化工作，完善服务认证体系，健全服务质量社会监督平台。深入研究质量工作与服务贸易加快发展的切入点，建立服务外包认证制度，推动山西省服务贸易质量提升。

三、全力维护产品质量安全和特种设备安全

加强风险防范，突出监管重点，创新监管方式，保持执法打假高压

态势，全面提高产品质量安全和特种设备安全监管水平，全力维护人民群众生命健康安全。

（一）强化产品质量安全监管

扎实推进消费品安全标准“筑篱”专项行动，提升民生类重点消费品安全标准水平。健全质量安全风险快速预警系统和质量追溯体系，加强质量安全风险监测、监督抽查和联动处置，开展消费品质量安全事故调查，发布风险警示和消费提示。严格 CCC 认证市场准入要求，动态调整强制性产品认证目录，适时纳入安全风险高的产品。完善覆盖认证全过程的强制性产品认证专项监督机制，强化 CCC 指定认证机构主体责任的落实。研究制定电子商务产品质量监督管理办法，完善风险监测、网上抽查、源头追溯、属地查处、信用管理的电子商务产品质量监督机制，推行良好电子商务规范认证制度。建立跨境电子商务经营主体及商品备案制度，开展商品质量安全风险监管，健全跨境电子商务进口食品、化妆品检验检疫监管制度。引入推广互联网“过滤”技术和电子商务平台防伪溯源技术，严厉打击网络销售假冒产品，构建网络销售产品的质量安全“防火墙”。深入开展重点产品质量安全隐患排查，加强食品相关产品监管，加大烟花爆竹产品质量监督抽查力度，开展危险化学品生产许可获证企业专项检查。以工业产品生产许可证制度改革为契机，探索实施工业产品质量安全负面清单制度，改革完善工业企业分类监管工作，加快工业产品质量安全监管体系建设。

（二）加强特种设备安全监管

建立以多元共治为特征、以风险管理为主线的特种设备安全治理体系。完善特种设备法规标准体系与运行保障机制，健全分类安全监管制度，实施重点监督检查制度。加强重点使用单位和薄弱环节的安全监察，创新企业主体责任落实机制，完善特种设备隐患排查治理和安全防控体系，遏制重特大事故发生。根据不同设备、不同环节的安全风险和公共性程度，推进生产环节、使用环节行政许可改革。以电梯、气瓶等产品为重点，严格落实特种设备安全技术档案管理制度，推动企业对电梯产品的制造、安装、维护保养、检验以及气瓶产品的制造、充装、检验等过程信息进行记录，推动建立特种设备安全管理追溯体系。推进电梯等特种设备安全监管方式改革，构建锅炉安全、节能与环保三位一体的监管体系。推进特种设备技术检查机构设置，加强安全监察人员培训。实施特种设备风险预警与应急能力提升工程，增强定期监测、分级响应、快速联动能力。

（三）严厉打击质量违法行为

深入开展“质检利剑”行动，建立省级质监部门组办督办大案要案制度，通过严查彻办大案要案，严厉打击制假售假行为，强化舆论震慑力，增强执法打假力度。完善质检系统行政执法体系，推动地方政府和部门加大对稽查机构人员、经费、装备等方面的投入和保障。进一步理顺与相关部门的职能关系，结合举报投诉、风险排查、监督抽查、舆论曝光等渠道反映的突出问题，有针对性地开展执法打假行动。加大对非法认证活动的打击力度，加强对儿童用品、机动车、灯具、家电等领域强制性认证产品无证出厂、销售、进口等行为的监管和查处。保持高压态势，加强农资、建材、汽配、日用消费品、电子商务产品、食品相关产品等关系国计民生、健康安全、节能环保重点产品的执法打假。加大区域整治力度，强化城乡接合部和农村市场的执法打假。对问题复杂、整治困难的重点地区建立挂牌督办等制度。强化技术手段在执法打假中的应用，不断提高执法效能。健全跨区域跨部门执法协作联动机制，推动形成大稽查工作格局。

（四）完善缺陷产品召回管理体系

完善缺陷产品召回法律规范体系建设，推进消费品召回立法进程，科学制定召回目录，逐步把涉及人身、财产安全的消费品全部纳入召回范围。完善进出口产品质量追溯和责任追溯体系，构建进口缺陷消费品召回管理工作机制。建立健全召回行政监管工作体系，推动地方质检部门建立健全工作机构，建立统一的全国缺陷产品召回信息协作平台，形成总局统一领导、部门协调配合、地方质检部门分级负责的召回监管体系，提升缺陷产品召回行政监管能力。建立健全缺陷产品召回技术支撑体系，构建涵盖召回技术机构、技术检测机构、大专院校和科研院所的技术支撑体系，强化缺陷信息收集分析、缺陷调查、缺陷验证、风险评估的技术研究，增强缺陷产品召回管理的技术支撑能力。建立完善缺陷产品召回技术标准体系，制、修订一批涉及缺陷风险评估、产品追溯技术、召回效果评估等方面的产品缺陷召回基础标准。加大缺陷信息收集分析、缺陷调查、召回信息公开等力度，督促企业履行召回义务，提高召回影响力和公信力。

四、有效提升服务质量水平

主动对接国家重大战略部署和地方发展需求，充分发挥质检职能作用，积极服务优化结构、增强动力、对外开放、区域协调，推动实现更高质量、更有效率、更加公平、更可持续的发展。

（一）服务创新驱动发展

发挥质检技术优势，促进农业产业结构调整，进一步完善农业基础设施、农业生产和农产品加工标准，实施农产品安全标准化工程和国家农业标准化示范项目提升工程，推进农业标准化示范区建设，助力农村一二三产业融合发展，推动农业供给侧结构性改革。积极服务国家创新驱动战略，助推生物医药、高端装备制造、电子信息、新能源、新材料等新兴产业发展。推动自愿性产品认证，大力开展网络安全、节能、低碳、环保、新能源、智能网联、机器人等重点新兴领域，以及养生保健服务、养老服务、危害分析和关键控制点、良好农业规范、能源管理体系、环境管理体系、测量管理体系等产品、服务和管理体系认证，为推动结构调整、产业升级和政府创新治理提供技术支撑。促进计量测试服务向过程计量、系统计量和嵌入式计量转变，助推提质增效和供给侧结构性改革。加强国际产能和装备制造合作，推进标准、计量国际互认和量值国际等效，推动高铁、机械设备、第三代核电技术及装备等“走出去”。加强化解产能过剩标准化支撑、新材料产业等新领域标准体系建设，发挥标准的技术支撑作用、生产许可证的政策约束作用、执法检查的威慑作用，大力服务“去产能”和有效处置“僵尸企业”。推动特种设备产品标准与国际互认，引导企业通过标准自我声明等方式提供高于国家标准要求的特种设备产品与服务，促进特种设备产业提质增效。建立和完善服务认证制度，推动质量管理体系认证在服务业中的应用，提升传统服务业质量和水平，促进现代服务业发展。完善设备监理制度，推进设备监理行业规范发展。实施“大众创业、万众创新”质量技术服务示范工程，建设一批服务示范点。

（二）促进外贸健康发展

支持跨境电子商务、外贸综合服务等外贸领域新型贸易方式和商业模式发展，创新工作方法和制度，营造更加便利的外贸环境。加强与口岸相关部门“三互”协作，加快推进国际贸易单一窗口、“一站式”作业、一体化通关措施，加强口岸管理相关部门间的信息共享共用，推动落实 WTO《贸易便利化协定》，提升贸易便利化水平。加强对重要和优势“中国制造”产品的服务支持，积极推进国际产能合作，打造中国制造金字品牌。充分发挥原产地证书出口商品“经济国籍”证明作用，探索应对国外反倾销、反补贴措施，提高自由贸易协定、普惠制、联合国“冲突钻石”和“冲突矿产”等实施水平。深化双多边质检合作，加强检验检疫证书交流合作。加强人才推送，积极参加相关国际和地区组织活动，实质性参与有关国际规则和标准制定，提升质检对外合作层次、质量和效果。服务农业“走出去”战略，推动出口食品农产品质量安全示范区建设，开展国外食品农产品技术性贸易措施研究，扶持一批具有国际影响力的出口食品农产品龙头企业及国际品牌。保障优质动植物种质资源、粮食、木材、饲料等安全进口，推动先进技术、重要能源原材料进口，服务外交外贸大局和宏观调控。

（三）助推“一带一路”建设

全面对接和服务“一带一路”战略，充分发挥质检部门的职能优势，畅通“一带一路”经济走廊，推动构建沿线大通关合作机制。落实《“一带一路”检验检疫合作重庆声明》《“一带一路”食品安全合作联合声明》《共同推动认证认可服务“一带一路”建设的愿景与行动》等文件，加强与沿线国家开展产品质量安全、疫病疫情防控信息通报、传染病及其媒介物控制、动植物检疫援助等方面合作，强化风险数据收集，建立完整的风险分析评估体系，建立突发事件应急处置和沟通协商机制，提升务实合作水平。落实标准、认证认可服务“一带一路”工作部署，制定实施《“一带一路”计量合作愿景与行动》，创新 CCC 入境监管模式，以海湾国家、上合组织等国家为重点，加强与沿线国家在计量、标准、检验检测、认证认可方面的双多边合作。实施跨境经济合作区检验检疫分线管理，优化检验检疫口岸查验流程，推进沿线边境经济合作区、跨境经济合作区、境外贸易合作区建设。助推中欧、中亚国际货运班列扩量增效，缩短准入许可时限，简化备案审批手续。加快“一带一路”有关国家食品农产品和相关企业准入进程，采取便利化措施，扩大我国资源短缺和急需的食品农产品进口，支持进口农产品落地深加工等产业升级。

（四）强化技术性贸易措施工作

推动完善技术性贸易措施建设的顶层设计，充分利用 WTO/TBT-SPS 国家通报咨询中心、全国技术性贸易措施部际联席会议两大平台，加快技术性贸易措施工作改革创新，完善政府部门间、政府和企业间信息共享、措施协调、一致对外的体制机制。推动建立国家级技术性贸易措施公共信息综合服务平台，做好 WTO/TBT-SPS 通报评议及技术性贸易措施应对工作，加强对国外重大技术性贸易措施的跟踪、研究、预警和应对，完善重要商品进出口数据通报交流制度。配合国家宏观调控，进一步强化技术性贸易措施在服务国家外交外贸战略中的独特作用。借助技术性贸易措施的倒逼作用，促进山西省企业按照更高的技术标准提升产品质量和产业层次，加快对外贸易优化升级，培育形成以技术、标准、品牌、质量、服务为核心的对外经济新优势。完善体制机制，统筹做好全系统技术性贸易措施工作。

（五）推动区域协调发展

围绕山西省各区域发展的实际，制定实施有针对性的质检支持政策，完善边民互市贸易点查验设施建设和快速检疫检测设备配备，加强中西部通关查验场所、配套检测实验室和检疫处理场所等建设，完善铁路口岸检验检疫通关基础设施。优化业务流程，统一业务规则，推进检验检疫全过程无纸化，健全和完善检验检疫一体化制度体系，大力推进实施山西检验检疫通关一体化。支持检验检测认证高技术服务业集聚区建设。总结推广农村综合改革标准化试点经验，加大《美丽乡村建设指南》宣传普及力度。扩大新型城镇化标准化试点范围，建立完善重点城市公共服务质量标准体系和新型城镇化标准体系。用好技术手段，帮助贫困地区、民族地区、革命老区发展特色产业，推进精准扶贫、精准脱贫，促进各地区协调发展。

（六）服务生态文明建设

实施绿色制造标准化提升工程和百项能效标准推进工程，制、修订节能节水、低碳环保、绿色产品、资源循环利用等标准，实现重点行业、设备节能标准全覆盖。建立能源资源计量数据监测、分析系统，完善能源资源计量体系，提升能源资源计量技术服务能力。完善节能低碳认证认可体系，推进能源管理体系认证，加大能效标识监督检查力度，提升服务节能减排、循环经济以及大气污染、废水、固废防治等领域的能力。健全高耗能特种设备节能监管法规标准体系，实施燃煤锅炉节能环保综合提升工程，加快落后燃煤锅炉的淘汰和升级改造，提高燃煤技术标准，加强锅炉节能标准执行情况监督检查，实现锅炉实际运行效率提升 5 个百分点。建立典型换热器和热交换系统评价方法，推广高效节能技术。将环保、节能、节水、循环、低碳、再生、有机等产品统一整合为绿色产品，建立统一的绿色产品标准、认证、标识等体系，推动森林认证。加强生态原产地产品保护的推广应用和宣传推介工作。强化野生动植物进出口管理，完善外来有害生物监测防控体系及应急预警系统，保护生物多样性和生态安全。以车用汽柴油、内燃机产品为重点，通过提高生产许可质量准入门槛和严格后续监管，提升车用汽柴油、内燃机产品质量，协调有关部门加强机动车排放监督检查，推动汽车燃油消耗纳入国家碳交易市场。加强对“两高一资”出口商品监管，引导企业开发低碳技术。

（七）服务保障和改善民生

强化对涉及民生产品的质量安全监管，进一步完善 12365、96333、政务大厅等平台，畅通产品质量安全诉求渠道，建立举报投诉、核实查处的快速反应机制。建立产品质量安全责任保险制度，完善产品三包制度，健全提升产品售后服务质量机制。加强质量安全教育，广泛开展质量月、“3·15”国际消费者权益日、国门生物安全、进口食品安全社区行、消费品质量安全和特种设备安全进社区、进校园、进乡村、进企业等系列活动。及时发布质量安全监督检查权威数据，强化质量安全信息公开和舆论引导，服务大众消费。完善国际旅行健康服务体系，提供高效的国际旅行卫生服务。加强公共教育、劳动就业、社会保险、医疗卫生、公共文化等基本公共服务重点领域标准体系建设。强化民生计量监管，深入开展计量惠民活动，充分发挥计量在保障和改善民生中的作用。

五、夯实国家质量技术基础

计量、标准、认证认可、检验检测是质量工作的根基，四者之间具有紧密的内在逻辑关系，构成了科学严谨的技术链条。大力实施山西省质量技术基础建设工程，加快推进计量、标准、认证认可和检验检测的融合发展，推动形成质检质量技术基础合力，提高整体水平，为质检事业长远发展奠定坚实基础。

（一）强化计量基础地位

紧紧抓住以量子技术为基础的国际单位制变革历史机遇，加强计量基础设施和能力建设，推进新一代高准确度、高稳定性量子计量基准等基础前沿领域研究，加强新领域计量基准和标准物质研究研制，加快制定经济社会发展急需的山西省计量技术规范。突出山西省计量基、标准战略资源地位，科学规划山西省量值传递溯源体系，统筹山西省计量基准和计量标准基础设施建设，大力推进社会公用计量标准的升级换代和科学布局。建立先进、统一、权威的山西省时间频率体系。加强计量监管体系建设，加大监管力度，严厉打击违法违规行为。构建山西省计量科技创新体系、产业计量测试体系和区域计量支撑体系，开展重大计量科技攻关和合作研究，按照全产业链、全量传链、全生命周期和产业前瞻性计量技术研究的思路，加强山西省产业计量测试中心建设，积极融入国家产业新体系构建和创新驱动发展战略。加快计量科技创新实验基地建设，建成一批符合新领域、新业态发展需要的计量实验室。加强军民统筹计量基础设施建设，构建军民协调、协同高效、系统完备的计量军民融合发展体系。突破一批基础前沿、实用新型和关键测试技术，推动过程计量、系统计量和嵌入式计量发展进程。提升计量器具产品质量，研发一批自主可控的计量器具和测量设备。实施计量国际化战略，深度参与国际计量体系建设和国际规则制定，积极推动国际计量互认，提升山西省的国际计量互认水平。

（二）加快标准化体系建设

大力推进实施标准强国战略，突出标准化工作在国家创新中的地位。整合精简强制性标准，优化完善推荐性标准，培育发展团体标准，放开搞活企业标准，构建由政府主导制定的标准和市场自主制定的标准共同构成的新型标准体系。健全标准研制、应用与国际化的技术支撑体系，夯实标准化工作基础，推进山西省技术标准创新基地建设，发展壮大一批专业水平高、市场竞争力强的标准化科研机构，加强标准化人才培养。完善标准样品管理规章制度，加强标准样品的研制、管理和应用推广，提升标准样品的使用率。加大标准实施监督和评估力度，开展标准实施效果评价。加快军民标准通用化建设，完善军民标准融合体制机制。实施装备制造业标准化和质量提升规划，提高重点领域产品标准水平。建立山西统一的标准信息网络平台，加快培育标准化服务业，建立完善标准化服务体系，提升标准化服务能力。

（三）完善认证认可体系

加强认证认可制度建设，强化认证认可部际联席会议制度，完善"统一管理、共同实施"的工作机制。加快建立政府、行业、用户等多层次对认证认可检验检测的采信机制。建立健全认证认可服务业统计制度，进一步完善检验检测服务业统计体系，继续深化认证机构资质准入、检验检测机构资质认定、进出口食品注册备案等制度创新。加强认证认可创新驱动能力建设，鼓励自主创新、协同创新和集成创新，攻克一批认证认可评价关键技术，推动自主研发、原始创新的认证认可项目占比提升。进一步完善强制性产品认证制度，推进强制性产品认证目录改革，优化认证单元。完善统一的检验检测机构资质认定制度。加强省检验检测认证公共服务平台示范区建设。鼓励取得国家认证认可资质的认证机构对进口食品境外生产企业开展审核认证活动。支持将追溯管理纳入质量管理体系，探索建立追溯体系专门认证制度。推动检验检测认证机构增强复合型服务能力，加快发展自愿性产品认证工作，实现多领域、多层次、多元化健康有序发展，促进山西省检验检测认证机构做大做强，提升品牌国际竞争力。加强市场监管，提高监管效能，提升认证认可社会公信力。深度参与认证认可国际标准规则制定和互认体系建设，全方位提升山西省认证认可国际影响力，实现整体迈入认证认可强省行列的战略目标。

（四）加强检验检测技术能力建设

落实山西检验检测机构整合改革总体部署，建立定位明晰、治理完善、监管有力的检验检测机构管理体制和运行机制。加强检验检测技术联盟和集聚区建设，强化"一带一路"核心区产业基地工业产品质量检验检测基地建设，弥补空白地带，突破薄弱环节，加强共性检验检测技术和仪器装备开放发展，形成布局合理、实力雄厚、公正可信的检验检测服务体系，打造一批检验检测认证知名品牌。鼓励国有检验检测认证机构构建内部创业机制，激发国有检验检测认证机构活力。推进基层检测技术机构发展，提升口岸检验检疫技术保障能力。夯实检验检测技术基础，结合"第三方检验检测综合科技服务平台研发与示范应用"等项目建设，推进检验检测认证行业与"互联网+"的结合。

六、全面深化质检改革

按照党的十八届三中全会精神要求和总局全面深化改革领导小组的统一规划部署，积极推进质检系统各项改革，建立全过程、高效率、可核实的改革落实机制，确保在重要领域和关键环节改革上取得决定性成果。

（一）构建质检事业发展新体制

全面落实中央全面深化改革的决策部署，研究提出与山西省经济社会转型发展相适应的"大质量"管理体制框架。深入推进行政审批制度改革、质量监督管理体制改革、检验检疫监管体制改革、检验检测认证机构整合改革、标准化工作改革、统一社会信用代码制度改革等。做好质监事权划分工作，明确职责权限，支持改革试验区域的质监工作创新，形成一批可复制可推广的经验。结合检验检测认证机构整合，加快直属系统检验检疫类事业单位分类改革。加快组织机构代码工作职能转变，重点围绕统一社会信用代码制度建设，加强码段资源管理、数据核查，推进统一社会信用代码数据库的建设、运行和应用。深入推进纤维检验体制机制改革，重点加大非棉领域改革发展力度。遵循建设法治政府和服务型政府原则，优化机构设置和职能配置，进一步强化业务综合、风险管理、缺陷召回、技术性贸易措施、政策研究等工作，不断完善行政运行机制。稳步推进业务主管单位为质检总局的协会与行政单位脱钩试点工作。

（二）深化行政审批制度改革

最大限度取消审批项目，最大限度下放审批权限，最大限度优化审批流程，激发市场活力和社会创造力。进一步取消、下放行政审批事项和子项，做好已取消和下放行政审批事项的落实和衔接工作。对保留的行政审批事项，全面推行一个窗口办理、限时办理、规范办理、透明办理，加快推进行政审批标准化试点，强化审批流程监督，主动向社会公开行政审批实施和结果，提高行政效能。加强网上办事大厅和电子监察系统建设，推行覆盖全事项的网上审批，实现办理进度和办理结果网上实时查询。优化调整各种强制性管理目录，合理划分单元，并制定目录调整的程序性规定。深化生产许可证制度改革，依法减少许可种类，下放许可权限，构建“市场配置资源、企业承担主责、政府依法监督、社会质量共治”的工业产品生产许可证监管体系，增强供给结构对需求变化的适应性和灵活性，改造提升传统比较优势，加快培育新的发展动能。进一步清理规范行政许可收费，对行政事业性收费、行政许可收费、中介服务收费实行清单管理并向社会公布。在全系统进一步推进“权力清单、责任清单、负面清单”制度建设，实行动态管理，做到职责法定，权责统一。积极推动统一市场质量准入规则，打破市场垄断和地方保护，营造企业优质产品畅通无阻、脱颖而出的市场环境。

（三）推进监管方式改革

以“三个清单”倒逼监管方式创新，有效落实监管责任，强化质量安全追溯调查和责任追究。推动以风险管理为核心的监管模式改革，加大综合集成力度，创新省内生产和进出口工业品市场准入监管方式，逐步建立基于企业产品质量自我声明、采信第三方评价和吸纳社会监督机制的监管模式，实现从事前监管为主到事中事后监管为主的转变。建立随机抽取检查对象、随机选派执法检查人员、及时公布查处结果的“双随机、一公开”监管机制，规范事中事后监管，提高执法效能，降低市场主体经营成本。构建山西统一的产品质量安全风险监测网络，建立山西联动的风险识别、评估、预警、布控、处置等机制，提高产品质量安全风险预警处置能力。健全产品伤害监测机制，扩大监测覆盖面，构建科学完备的产品伤害处置链条，发布产品伤害预警，在引导消费的同时，促进产品质量提升。

（四）加强“互联网 + 质检”建设

围绕国家“互联网 + ”行动计划，加强质检信息化建设，通过构建大机制、搭建大平台、整合大数据，加快实现质检业务互联互通。完善信息化工作机制，加强集中统一管理，强化总体规划和顶层设计，建立健全信息化相关重点工程项目立项、建设、应用、运维等规章制度和专家咨询制度。推动质检业务与信息化深度融合，落实“互联网 + 质检”行动计划，实施“智慧口岸”“智慧质检”等工程，搭建质检云计算“大平台”，按中央要求稳步推进电子政务内网建设。建立质检信息资源标准体系和信息共享机制，完善质检信息化标准体系，制定数据交换标准和接口规范，加快推动质检系统内部信息资源的归集与共享，推进与省级和地方相关部门的数据共享互换，合理适度向社会开放质检数据信息。加强质检大数据开发利用，进一步拓展数据、信息采集渠道，针对重点业务领域开展数据挖掘、风险管理、决策支持等大数据应用相关工作。完善信息化基础设施保障体系，推进政府网站集约化建设，强化网络与信息安全保障体系建设。

七、加强质检工作体系建设

加强法治质检、科技质检、和谐质检建设，进一步完善质检工作体系，提升工作水平，推动质量安全治理能力和治理体系现代化。

（一）完善质检法治体系

坚持依法治检，大力开展质量促进法、消费品安全法等法律法规立法研究，全力推进标准化法、计量法、国境卫生检疫法等修法工作，配合做好电子商务法和食品安全法实施条例制、修订。推动法律制度互联互通，构建系统完备、科学规范、运行有效的质检法律制度体系。制定技术规范（规程）的程序性管理规定，完善规范性文件管理，建立规范性文件清理长效机制。研究制定重大行政决策程序制度，规范决策流程。完善行政执法公示和程序制度，细化行政执法裁量标准，强化执法层级监督，严格执法人员持证上岗和资格管理。建立执法全过程记录制度和重大执法决定法制审核制度。加强法治监督体系建设，全面推进政务公开，规范权力运行流程，严格行政执法责任制，依法有效化解矛盾纠纷。完善法治保障体系，开展“七五”普法工作，落实“谁执法、谁普法”责任制，全面提高质检工作人员法治思维和依法行政能力。完善法律顾问制度，提高质检法治工作队伍专业化水平。

（二）推进科技创新

构建开放式创新体系，支持山西省质创空间、“互联网＋科技服务平台”等新型众创空间发展。加强质检科技创新平台建设，推进质检科技成果转化。组织申报国家科技计划，启动实施“山西省质量基础的共性技术研究与应用”省级重点研发计划专项（NQI专项），积极申报国家科技奖励，培养高层次人才，建立和完善山西省“大质检”科技成果评价体系。整合社会资源开展质检科技协同创新。加强山西省质检中心、检测重点实验室和计量器具型式评价实验室建设，统筹布局，调整发展方向，逐步打造成为区域公共服务平台。多渠道加大科技经费投入，保障质检科技攻关基本经费投入。面向公众开展形式多样的质检科普活动，鼓励质检科普基地建设，办好“质检科技周”。

（三）建设高素质人才队伍

坚持党管人才、服务发展、人才优先、以用为本、高端引领、统筹推进的原则，深化人才强检战略，实施质检重点人才工程，培养造就一支由党政人才、专业技术人才、行政执法人才、经营管理人才、高技能人才组成的高素质质检人才队伍。进一步完善人才集聚机制，优化人才评价发现机制，创新人才选拔任用机制，探索人才引领创新驱动发展机制，强化人才激励机制。注重事业留人，关心爱护偏远艰苦地区一线职工。坚持从严管理，坚定理想信念，加强干部教育培训。严格干部选任，坚持“把三关”“两核查”，全面落实《党政领导干部选拔任用工作条例》《质检总局领导干部选拔任用工作办法》《质检总局领导干部交流管理办法》，做到严格标准、严把程序、严肃纪律。加大对基层干部的培养力度，完善干部双向交流挂职制度。深化干部人事制度改革，推进薪酬制度配套改革，做好考试录用公务员和离退休干部工作。

（四）加强质检文化建设

加强精神文明建设，践行社会主义核心价值观，注重以文化人、以文聚力，建立分层次、成体系的质检文化服务平台，完善质检文化基础设施，扩大质检文化传播影响力，打造质检文化品牌，发挥文化的先导和浸润作用，用先进文化凝聚人、塑造人、激励人。树立“大宣传”意识，整合质检新闻宣传力量，建立质检系统新媒体矩阵，提升舆论引导能力和水平，扩大质检声音影响面。加强政务信息工作，形成全系统合力，更好地为各级领导提供决策参考。关心干部职工生活，激发主人翁责任感，充分调动干部职工的积极性和创造性，增强队伍凝聚力和向心力，进一步树立刚正廉明的依法行政形象、科学权威的技术执法形象、可亲可信的人民质检形象。

（五）深化质检政策理论研究

围绕质检事业改革发展，加强政策理论研究的统筹和指导，深入调查研究，注重研究成果储备，增强质检政研工作的前瞻性和主动性。加强中国特色新型质检智库建设，充分发挥咨政建言、理论创新、舆论引导、社会服务等智库功能，为质检事业发展提供智力支持。加大质检智力资源整合力度，广泛吸纳系统内外、社会各界、国际国内各领域专家，加快构建“大政研”格局，形成质检政策理论研究整体合力。加快决策咨询制度建设，以科学咨询支撑质检决策，以科学决策引领质量发展，建立健全科学民主的质检决策支撑体系。及时跟踪党中央、国务院重大决策部署，把握质量工作主攻方向和质检事业发展方向，抓住质量发展的关键点和质检事业促进经济社会发展的结合点，加强质监体制机制改革、检验检疫监管模式创新、质量技术基础建设等重大课题研究。注重政策理论研究的务实性和前瞻性，形成解决实际问题、体现改革精神、回应群众期盼、具有战略高度的顶层设计，使之既符合国际惯例又具有中国特色，既适应发展趋势又符合履职要求，既能激发市场活力又能守住安全底线，推进质量治理体系和治理能力现代化。

（六）强化基层能力建设

坚持重心向下、强化基层，完善领导干部基层联系点制度，加强对基层工作的指导，帮助基层解决实际困难，总结推广基层建设经验，强化基层人员业务培训。积极争取地方政府支持，推动质检基层机构能力建设。加强对质监分级管理和基层机构整合后相关问题的研究，制定加强基层质监工作指导意见，加快建立分级管理后基层质监工作新秩序，夯实基层计量、标准、认证认可、检验检测等工作基础，开展基层综合行政执法人员大培训，发挥典型示范带动作用，提升基层质监履职能力和执法成效。

（七）提高内部管理水平

加强内部监督，完善督察内审工作机制，扩大审计监督覆盖面，坚持业务督察和内部审计相结合，提高“一审双查”有效性，防范工作风险。健全督查激励问责机制，加强督查结果应用，进一步推进质量管理体系与绩效考核双轮驱动管理模式创新，严肃整治庸政、懒政、怠政，对不作为、乱作为的严肃问责处理。严格财务管理，完善财经制度和内部控制制度，加强预算编制和约束，强化收费、国有资产管理，规范采购行为。积极争取财政支持，强化“规划引领项目、项目决定预算”理念，突出重点，合理配置资源。建立完善“规划、项目、资金、执行、资产、评价”的全过程管理体系，加大财务监管力度。完成机关后勤服务社会化改革，完善机关事务管理体制、机制，全面提高后勤服务保障水平。科学推进系统公共机构节能。

（八）加强党的建设

坚持党要管党、从严治党，强化政治意识、大局意识、核心意识、看齐意识，把纪律和规矩放在前面，严守政治纪律和政治规矩。坚持从严治检，落实全面从严治党主体责任和监督责任，健全述职考评机制和监督执纪问责机制，持之以恒落实中央八项规定精神，严肃惩治腐败行为，坚定不移推进党风廉政建设和反腐败工作。紧紧围绕质检事业改革发展，以改革创新精神全面推进党的建设新的伟大工程，深入开展“学党章党规、学系列讲话，做合格党员”等党内教育，加强和改进新形势下思想政治工作，抓好党性党风党纪教育，坚定理想信念，保持和发展党的先进性、纯洁性。加强基层党组织建设。做好党的群团工作。

第三章

山西质量发展的基本情况

第一节　山西省质量总体状况

2015 年以来，山西省深入实施《质量发展纲要》，贯彻落实《中国制造 2025》，积极推进供给侧结构性改革，坚持把提升质量作为经济社会发展的重要任务，不断完善质量工作机制，强化质量安全监管，加强质量基础建设，质量工作服务经济社会发展的基础性、保障性作用得到充分发挥。特别是面对经济下行压力，坚持以质量促转型，向质量要效益，抓质量保民生，取得了显著成效。

2015 年，山西省产业经济总体质量进一步优化。第三产业增加值占生产总值的比重达到53%，同比提高8.5 个百分点，比第二产业占比高 12.2 个百分点。规模以上工业行业中，煤炭、焦炭、冶金、电力四大传统支柱产业增加值占山西规模以上工业增加值比重下降到 74%，同比降低3.3 个百分点。非煤产业比重达到53.2%，同比上升4.7 个百分点。其中，装备制造业比重为10.4%，同比上升1.2 个百分点。

2015 ~2016 年，山西省产品、工程、服务质量再上新水平，山西省质量安全态势良好。获得中国质量奖提名奖1 个，全国知名品牌示范区1 个，6 个农产品获得“地理标志登记”；3 家企业获得国家质检总局颁发的“中国出口质量安全示范企业”，18 家企业获得工信部 2016 年“工业企业品牌培育试点企业”，3 个县被农业部认定为首批“国家农产品质量安全县试点单位”，9 个工程项目获得鲁班奖。制造业产品质量合格率达到94.29%，高于备案指标4.29 个百分点；蔬菜、畜禽和水产品质量安全例行监测合格率高于目标考核指标。

一、圆满完成国家监督抽查和省级监督抽查任务，产品质量总体保持上升

从国家监督抽查结果看，2015 年，国家质检总局共抽检山西省 193 家企业生产的 219 批次产品，合格 205 批次，合格率达到 93.6%。同时，在国家质检总局发布的 10 份 139 类产品的产品质量国家监督抽查情况通报中，除弹簧软床垫、自镇流 LED 灯、硬聚氯乙烯（PVC-U）管材、单相电能表、建筑用夹层玻璃、新型墙体材料（砖和砌块）、潜水电泵、复混肥料产品、通用硅酸盐水泥 9 类产品外，山西省抽查的包括通用硅酸盐水泥、复混肥料产品、絮用纤维等 22 类产品中 13 类产品合格率均为 100%。不合格原因主要是技术指标不合格、产品标示不合格和拒检（见表 3－1 和图 3－1）。

表 3－1　　2015 年国家监督抽查山西省各类产品合格率

产品名称	抽检产品数量	合格产品数量	不合格产品数量	合格率（%）
弹簧软床垫	1	0	1	0.00
自镇流 LED 灯	2	1	1	50.00
硬聚氯乙烯（PVC-U）管材	2	1	1	50.00
单相电能表	4	2	2	50.00
建筑用夹层玻璃	2	1	1	50.00
新型墙体材料（砖和砌块）产品	6	5	1	83.33
潜水电泵	9	8	1	88.89
复混肥料产品	20	19	1	95.00
通用硅酸盐水泥	50	49	1	98.00
陶瓷砖	5	5	0	100.00
给水用聚乙烯（PE）管材	2	2	0	100.00
热能（量）表产品	2	2	0	100.00
矿用传感器产品	1	1	0	100.00
絮用纤维制	20	20	0	100.00
合成树脂乳液内墙涂料	15	15	0	100.00
手提式干粉灭火器	1	1	0	100.00
汽车轮胎产品	1	1	0	100.00

续表

产品名称	抽检产品数量	合格产品数量	不合格产品数量	合格率(%)
三相异步电动机	2	2	0	100.00
防爆电气(防爆开关)	8	8	0	100.00
家用太阳能热水系统	1	1	0	100.00
动力用煤	8	8	0	100.00
钢丝绳	1	1	0	100.00

资料来源：2015 年国家质检总局产品质量国家监督专项抽查情况的通报。

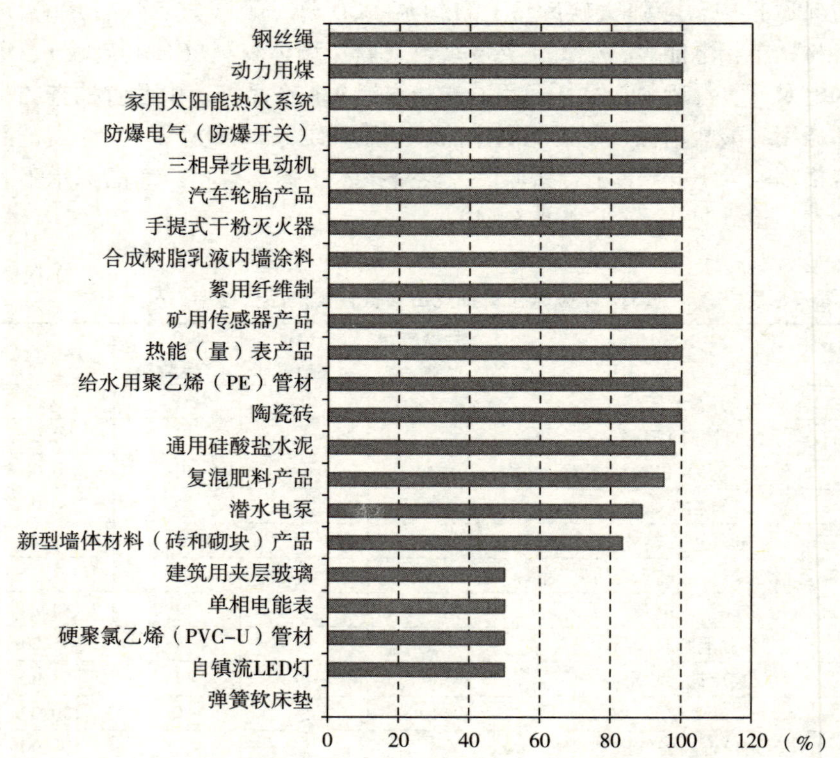

图 3-1　2015 年国家监督抽查山西省各类产品合格率

资料来源：2015 年国家质检总局产品质量国家监督专项抽查情况的通报。

同时，通过与其他省（市、区）国家产品质量抽检情况的横向比较，2015 年山西省产品抽查合格率高于全国平均水平和中部地区平均水平，居于全国前列。尽管各省（市、区）抽查企业和样品数量存在差异，与实际质量水平并不绝对相关，但也在一定程度上反映出山西省产品质量水平有了质的提升（见表 3-2）。

表 3-2　　2015 年国家监督抽查各省（区、市）抽查情况

序号	地区	抽查企业数(家)	抽查产品数(批次)	合格产品数(批次)	产品抽查合格率(%)	不合格产品检出率(%)
1	北京市	764	908	845	93.1	6.9
2	天津市	535	641	602	93.9	6.1
3	河北省	1125	1250	1161	92.9	7.1
4	山西省	193	219	205	93.6	6.4
5	内蒙古自治区	189	193	177	91.7	8.3
6	辽宁省	694	729	679	93.1	6.9
7	吉林省	254	264	245	92.8	7.2
8	黑龙江省	238	255	236	92.5	7.5
9	上海市	1039	1227	1113	90.7	9.3
10	江苏省	2182	2424	2229	92.0	8.0
11	浙江省	2689	2928	2645	90.3	9.7
12	安徽省	679	736	685	93.1	6.9
13	福建省	865	977	889	91.0	9.0
14	江西省	560	597	555	93.0	7.0
15	山东省	1483	1586	1467	92.5	7.5
16	河南省	783	860	783	91.0	9.0
17	湖北省	710	775	731	94.3	5.7
18	湖南省	754	801	749	93.5	6.5
19	广东省	4012	4458	3818	85.6	14.4
20	广西壮族自治区	228	231	215	93.1	6.9
21	海南省	51	52	51	98.1	1.9
22	重庆市	463	503	459	91.3	8.7
23	四川省	994	1143	1078	94.3	5.7
24	贵州省	209	237	220	92.8	7.2
25	云南省	319	329	305	92.7	7.3
26	西藏自治区	0	0	0	0.0	0.0
27	陕西省	278	290	274	94.5	5.5
28	甘肃省	270	288	261	90.6	9.4
29	青海省	27	34	31	91.2	8.8
30	宁夏回族自治区	129	129	124	96.1	3.9
31	新疆维吾尔自治区	273	281	250	89.0	11.0
合计		22989	25345	23082	91.1	8.9

资料来源：《质检总局关于公布 2015 年国家监督抽查产品质量状况的公告》。

2016 年 1 ~8 月，国家抽查的家用电动洗衣机、童车、玩具等 87 类产品中，涉及山西省 62 家企业的农用薄膜、氮肥产品、动力煤等 7 个领域、62 批次产品，产品合格率为 87. 3%（见表 3 –3 和图 3 –2）。

表 3 –3　　2016 年上半年国检监督抽查山西省各类产品合格率

产品名称	抽检产品数量	合格产品数量	不合格产品数量	合格率(%)
机动车辆制动液	1	0	1	0. 00
农药产品	6	3	3	50. 00
农用薄膜	6	5	1	83. 33
氮肥产品	14	12	2	85. 71
动力煤	20	19	1	95. 00
汽车轮胎	1	1	0	100. 00
家用太阳能热水系统	1	1	0	100. 00

资料来源：2016 年上半年国家质检总局产品质量国家监督专项抽查情况的通报。

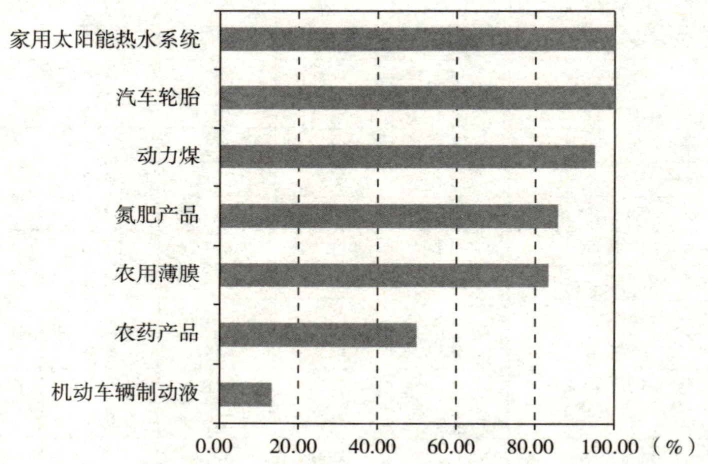

图 3 –2　2016 年上半年国检监督抽查山西省各类产品合格率

资料来源：2016 年上半年国家质检总局产品质量国家监督专项抽查情况的通报。

通过与其他省（市、区）国家产品质量抽检情况的横向比较，2016 年上半年山西省产品合格率略低于中部地区平均水平，属于全国中等水平（表 3 –4）。

表 3－4　2016 年上半年国家监督抽查各省（区、市）抽查情况

序号	地区	抽查企业数（家）	抽查产品数（批次）	合格产品数（批次）	产品抽查合格率（%）	不合格产品检出率（%）
1	北京市	72	80	76	95.0	5.0
2	天津市	95	100	94	94.0	6.0
3	河北省	160	170	150	88.2	11.8
4	山西省	55	55	48	87.3	12.7
5	内蒙古自治区	22	22	20	90.9	9.1
6	辽宁省	107	107	101	94.4	5.6
7	吉林省	23	23	22	95.7	4.3
8	黑龙江省	27	27	23	85.2	14.8
9	上海市	149	156	146	93.6	6.4
10	江苏省	543	561	515	91.8	8.2
11	浙江省	525	542	474	87.5	12.5
12	安徽省	109	114	106	93.0	7.0
13	福建省	152	163	149	91.4	8.6
14	江西省	48	48	44	91.7	8.3
15	山东省	261	264	242	91.7	8.3
16	河南省	101	102	88	86.3	13.7
17	湖北省	91	96	91	94.8	5.2
18	湖南省	42	42	40	95.2	4.8
19	广东省	681	749	671	89.6	10.4
20	广西壮族自治区	69	69	65	94.2	5.8
21	海南省	/	/	/	/	/
22	重庆市	45	45	38	84.4	15.6
23	四川省	122	122	104	85.2	14.8
24	贵州省	19	19	17	89.5	10.5
25	云南省	57	57	53	93.0	7.0
26	西藏自治区	/	/	/	/	/
27	陕西省	55	55	51	92.7	7.3
28	甘肃省	37	37	35	94.6	5.4
29	青海省	10	10	7	70.0	30.0
30	宁夏回族自治区	28	28	28	100.0	0.0
31	新疆维吾尔自治区	86	89	70	78.7	21.3

资料来源：《质检总局关于公布 2016 年上半年国家监督抽查产品质量状况的公告》。

综合看来，近 3 年，山西省国家监督抽查产品合格率呈现总体向好、波动上升的趋势。一方面直接反映出山西质量监督管理工作成效明显，另一方面也间接说明质量管理工作仍然需要高度重视、常抓不

懈（见图3－3）。

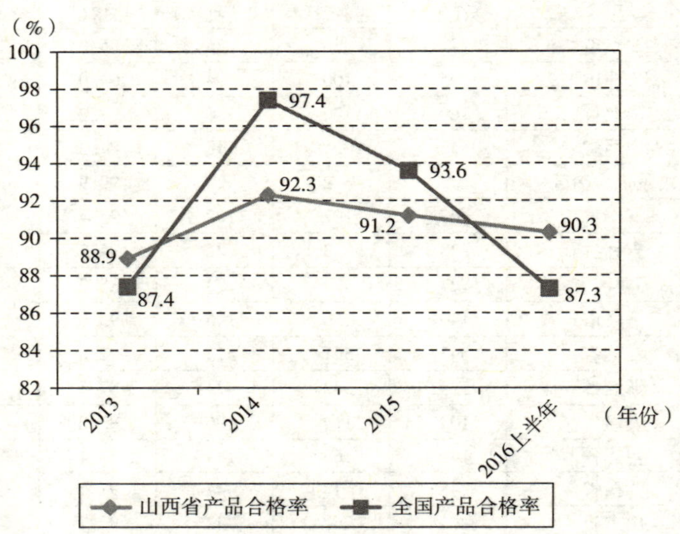

图3－3　2013～2016年上半年国家监督抽查山西省产品合格率变化情况

资料来源：《国家质检总局关于公布2013年国家监督抽查产品质量状况的公告》《质检总局关于公布2014年国家监督抽查产品质量状况的公告》《质检总局关于公布2015年国家监督抽查产品质量状况的公告》《质检总局关于公布2016年上半年国家监督抽查产品质量状况的公告》。

从省级监督抽查结果看，2015年山西省共抽查工业品、消费品、车用汽油、柴油、煤炭和化肥农药等8908批次，其中，工业品抽检2726批次、合格2634批次，合格率为96.63%；消费品抽检3511批次、合格3235批次，合格率为92.14%；其他产品抽检2671批次、合格2454批次，合格率为91.86%（见表3－5、表3－6、表3－7和图3－4、图3－5、图3－6）。

表3－5　2015年山西省省级抽检工业品合格情况

品类	总批次	合格批次	合格率(%)
钢板弹簧	5	5	100
气门	10	10	100
水泥	159	159	100
玻璃瓶	15	15	100
锚杆	20	20	100

续表

品类	总批次	合格批次	合格率(%)
输送机	5	5	100.00
化肥袋	20	20	100.00
瓦楞纸箱	30	30	100.00
工业气体	149	149	100.00
无机类化学品	20	20	100.00
氯碱类	13	13	100.00
煤炭	446	446	100.00
焦化苯类	11	11	100.00
二甲醚	1	1	100.00
钢筋	30	30	100.00
钢坯	20	20	100.00
PVC 型材	67	67	100.00
铝型材	60	60	100.00
工业气体	100	100	100.00
钢筋	25	25	100.00
钢坯	20	20	100.00
水泥	50	50	100.00
阀门	30	30	100.00
电源适配器	20	20	100.00
食品用瓶盖	30	30	100.00
工业用甲醇	15	15	100.00
金属网	20	20	100.00
聚氯乙烯绝缘电线	50	50	100.00
门窗用未增塑聚氯乙烯型材	42	42	100.00
预拌混凝土	78	78	100.00
防护鞋	11	11	100.00
有机类化学品	69	68	98.55
塑料管材	120	118	98.33
粗苯	53	52	98.11
电力电缆	50	49	98.00
冶金焦炭	287	279	97.21
托辊	28	27	96.43
水暖器材	95	90	94.74
溶解乙炔	37	35	94.59
输送带	15	14	93.33
矿用移动软电缆	25	23	92.00
铸铁管及管件	51	46	90.20

续表

品类	总批次	合格批次	合格率(%)
活塞销	20	18	90.00
球墨铸铁检查井盖	41	36	87.80
高强螺栓	15	13	86.67
聚氯乙烯绝缘电线	134	113	84.33
煤焦油	50	42	84.00
圆环链	4	3	75.00
硫铵及硫黄	20	15	75.00
轴承	10	7	70.00
可锻铸铁管路连接件	30	14	46.67

资料来源：山西省质监局2015年产品质量监督抽查结果的通报。

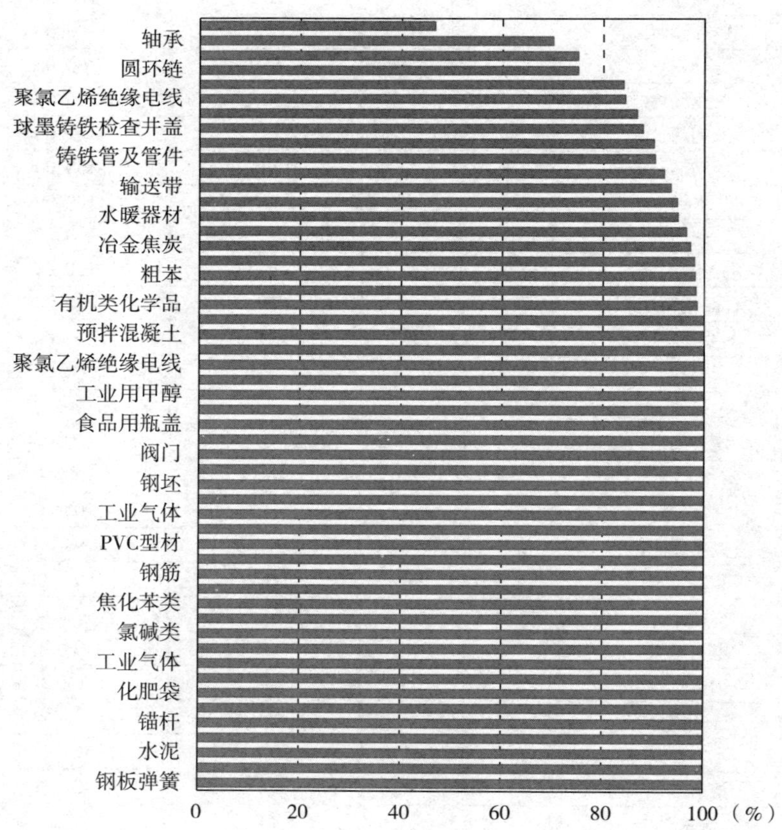

图3-4　2015年山西省省级抽检工业品产品合格率

资料来源：山西省质监局2015年产品质量监督抽查结果的通报。

表 3－6　　2015 年山西省省级抽检消费品合格情况

品类	总批次	合格批次	合格率(%)
吸油烟机	15	15	100.00
家用电动洗衣机	15	15	100.00
车用汽油	81	81	100.00
车用甲醇汽油	81	81	100.00
毛巾被	25	25	100.00
皮鞋	50	50	100.00
防护鞋	6	6	100.00
针织内衣	30	30	100.00
毛毯	20	20	100.00
学生服装	50	50	100.00
工作服	20	20	100.00
健身器材	10	10	100.00
纸巾纸	30	30	100.00
卫生巾	30	30	100.00
按摩器具	20	20	100.00
食品加工机	20	20	100.00
实木复合门	15	15	100.00
安全帽	15	15	100.00
旅游鞋	50	50	100.00
童鞋	20	20	100.00
移动电话	20	20	100.00
洗发液及沐浴剂	50	50	100.00
卫生纸	40	40	100.00
刹车片	5	5	100.00
钢卷尺	20	20	100.00
血压计(表)‘	6	6	100.00
数字多用表	20	20	100.00
一次性塑料餐具	27	27	100.00
人造板	40	40	100.00
移动存储设备	15	15	100.00
美容美发器具	20	20	100.00
工作服	20	20	100.00
学生服装	65	65	100.00
皮包	30	30	100.00
旅游鞋	30	30	100.00
化妆品	50	50	100.00
实木复合门	16	16	100.00
食品包装袋(膜)	105	104	99.05
针织运动服	60	59	98.33

续表

品类	总批次	合格批次	合格率(%)
皮鞋	50	49	98.00
毛巾	80	78	97.50
防盗门	30	29	96.67
洗涤用品	60	58	96.67
太阳镜	50	48	96.00
保险箱(柜)	22	21	95.45
保暖内衣	40	38	95.00
棉服装	40	38	95.00
婴幼儿纺织用品	40	38	95.00
餐饮用不锈钢制品	80	76	95.00
餐洗剂	20	19	95.00
验配眼镜	390	369	94.62
车用汽油	70	66	94.29
开关插座	80	75	93.75
电饭锅	15	14	93.33
室内加热器	30	28	93.33
衬衫	60	56	93.33
被套	130	121	93.08
女上衣	40	37	92.50
T恤	50	45	90.00
羽绒服	50	45	90.00
针织内衣	50	45	90.00
西裤	50	44	88.00
床单	130	114	87.69
女裙	40	35	87.50
保温容器	40	35	87.50
儿童服装	40	35	87.50
儿童玩具	40	34	85.00
西裤	30	25	83.33
液体加热器	40	33	82.50
节能灯	40	32	80.00
休闲裤	50	39	78.00
游泳镜	22	17	77.27
袜子	30	23	76.67
老视眼镜	30	22	73.33
单夹服装	50	36	72.00
灯具	40	25	62.50
衬衫	30	18	60.00
床垫	30	17	56.67

续表

品类	总批次	合格批次	合格率(%)
手机电池	25	11	44.00
电热毯	7	3	42.86
电暖宝	13	3	23.08
电子计价秤	15	1	6.67

资料来源：山西省质监局2015年产品质量监督抽查结果的通报。

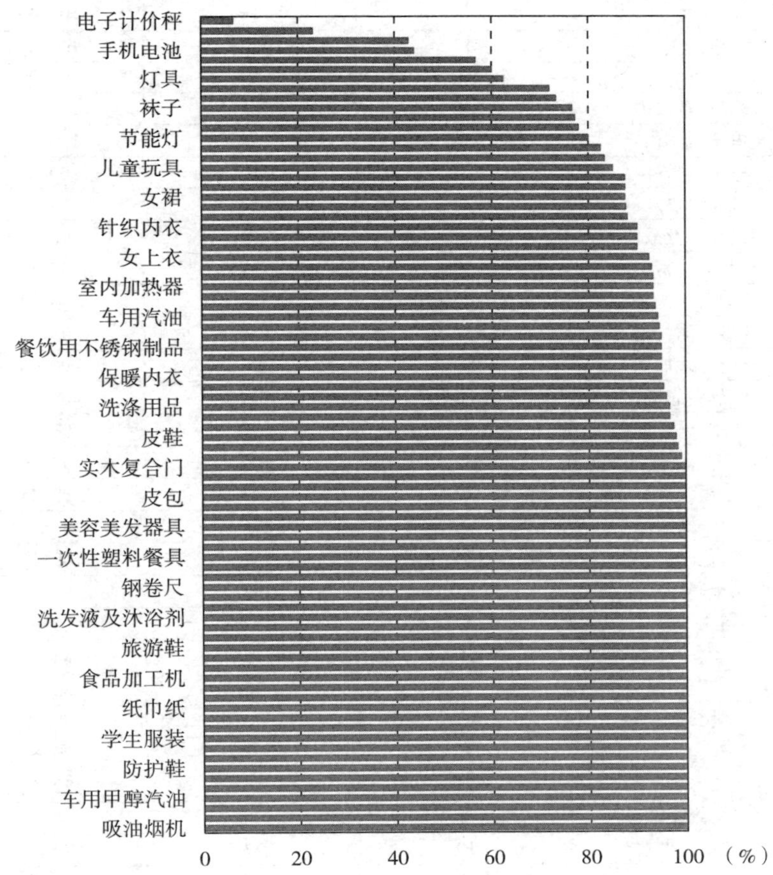

图3-5　2015年山西省省级抽检消费品合格率

资料来源：山西省质监局2015年产品质量监督抽查结果的通报。

表 3 – 7　　2015 年山西省省级抽检其他类产品合格情况

品类	总批次	合格批次	合格率(%)
煤层气	11	11	100.00
煤炭	101	101	100.00
焦炭	124	124	100.00
非食品用塑料包装容器	54	54	100.00
万用表	15	15	100.00
钢卷尺	15	15	100.00
风速表及风速传感器	2	2	100.00
矿用压力传感器	1	1	100.00
水表	15	15	100.00
电能表	10	10	100.00
农膜	69	69	100.00
电子称重仪表	8	8	100.00
电子汽车衡	34	34	100.00
电子皮带秤	10	10	100.00
液压机械	83	82	98.80
钢制法兰及锻件	120	118	98.33
食品包装材料	35	34	97.14
小型潜水电泵	30	29	96.67
新型墙体材料	154	148	96.10
混凝土外加剂	100	96	96.00
绝热夹芯板	82	78	95.12
耐火砖	80	75	93.75
柴油(车用柴油、普通柴油)	333	309	92.79
车用汽油	327	302	92.35
化学试剂	35	32	91.43
化肥	176	157	89.20
商品条码印刷品	218	192	88.07
烟花爆竹	50	44	88.00
农药	110	93	84.55
甲烷测定器	6	5	83.33
化肥	99	79	79.80
农药	90	69	76.67
压力表	36	26	72.22
甲烷传感器	7	5	71.43
氧气呼吸器自救器	10	7	70.00
矿用温度传感器	5	3	60.00
电子计价秤	15	2	13.33
氧气检测报警器	1	0	0.00

资料来源：山西省质监局2015年产品质量监督抽查结果的通报。

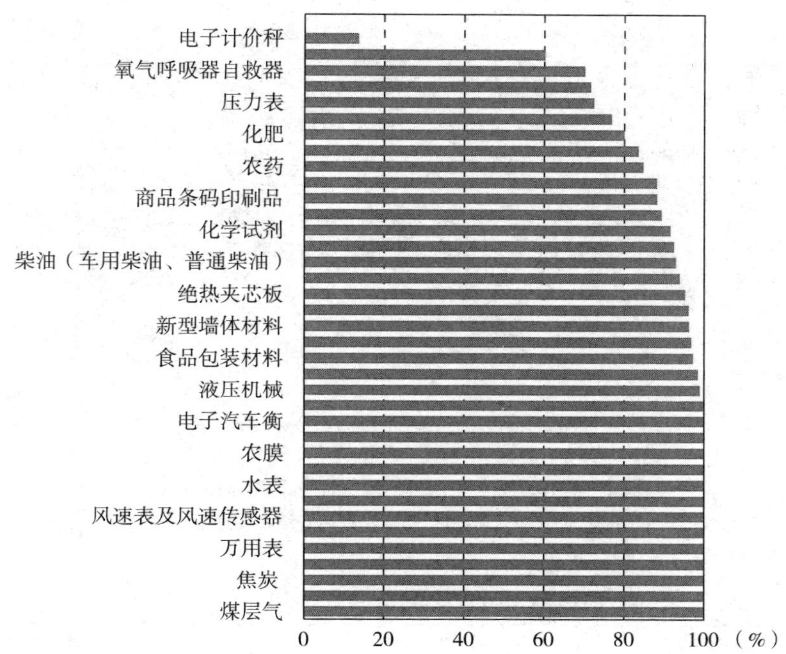

图 3 -6　2015 年山西省省级抽检其他类产品合格状况

资料来源：山西省质监局 2015 年产品质量监督抽查结果的通报。

2016 年上半年，山西省省级监督抽查生产企业数为 3134，抽查产品数为 6097 批次，其中合格产品 5766 批次，合格率为 94.57%（见表 3 -8、表 3 -9 和图 3 -8）。

表 3 -8　2016 年山西省省级抽检工业品合格状况

名称	总批次	合格	合格率(%)
钢管脚手架扣件	28	23	82.14
防水卷材	30	29	96.67
低压成套开关设备	50	50	100.00
电力电缆	20	20	100.00
钢坯	19	19	100.00
铸铁管及管件	27	27	100.00
球墨铸铁检查井盖	25	25	100.00
钢板弹簧	7	7	100.00
水泥	108	108	100.00

资料来源：山西省质监局 2016 年产品质量监督抽查结果的通报。

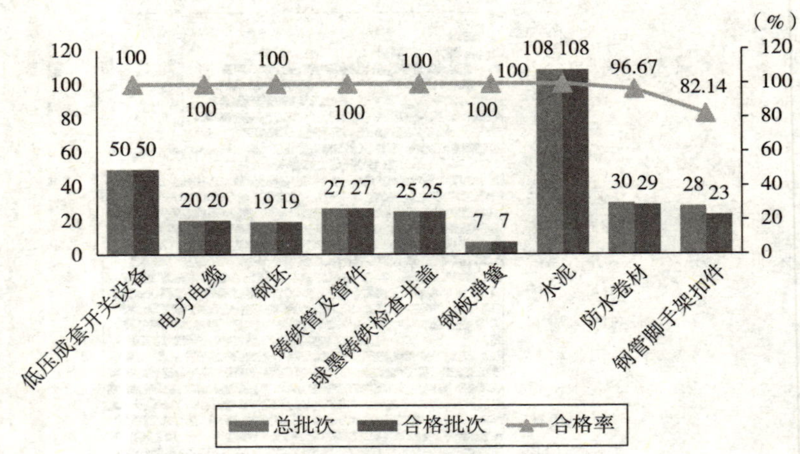

图 3-7　2016 年山西省省级抽检工业品合格率

资料来源：山西省质监局 2016 年产品质量监督抽查结果的通报。

表 3-9　　2016 年山西省省级抽检消费品合格情况

名称	总批次	合格	合格率(%)
节能灯	20	20	100.00
电磁炉	15	15	100.00
液体加热器	20	20	100.00
教材教辅及少儿读物	50	50	100.00
皮鞋	50	50	100.00
旅游鞋	50	50	100.00
皮包	30	30	100.00
食品用塑料包装膜(袋)	100	100	100.00
一次性塑料餐饮具	25	25	100.00
金属家具	15	15	100.00
开关插座	50	50	100.00
单夹服装	50	49	98.00
皮带	30	29	96.67
开关插座	80	76	95.00
游泳镜	14	13	92.86
枕芯	70	64	91.43
枕套	75	68	90.67
夹克	50	45	90.00

续表

名称	总批次	合格	合格率(%)
男裤	20	18	90.00
灯具	30	27	90.00
太阳镜	40	36	90.00
床单	75	67	89.33
裙子	60	52	86.67
袜子	30	26	86.67
被套	75	65	86.67
毛巾	65	56	86.15
灯具	30	24	80.00
LED 灯	43	34	79.07
T 恤	60	47	78.33
牛仔裤	30	23	76.67
浴巾	25	19	76.00
女上衣	20	14	70.00

资料来源：山西省质监局 2016 年产品质量监督抽查结果的通报。

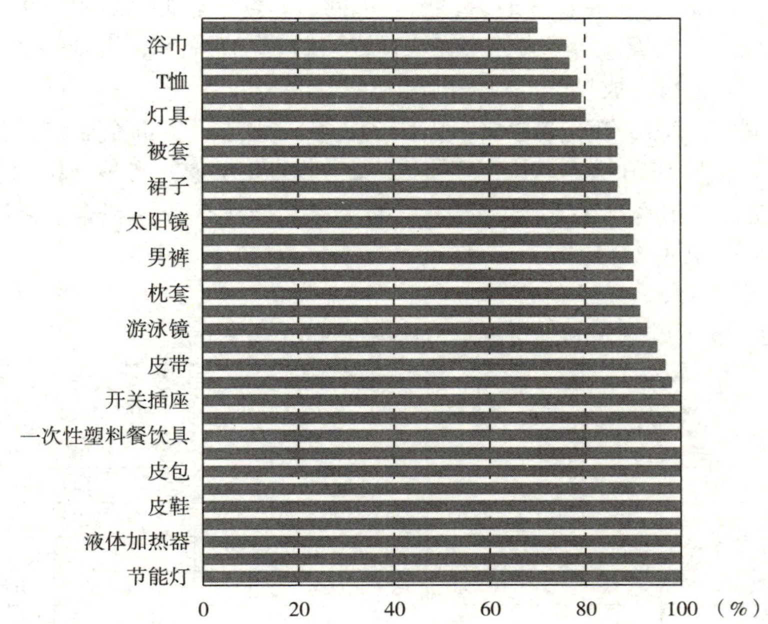

图 3-8　2016 年山西省省级抽检消费品合格状况

资料来源：山西省质监局 2016 年产品质量监督抽查结果的通报。

二、建筑节能改造工作进展顺利，建筑工程咨询与建设管理质量稳步提升

2016 年 9～10 月，围绕新建建筑节能、可再生能源应用、既有建筑节能改造等内容组织开展了专项检查，抽查了 11 市 22 个县（市、区）的所有新建项目图纸和在建项目现场。检查结果显示，山西新建建筑节能标准执行率达 100%。可再生能源建筑应用比例均达到较高水平。其中，太原、大同、朔州、长治、晋城、运城应用比例达到 50% 以上；既有居住建筑节能改造开工面积超过 1000 万平方米，超额完成全年新开工 700 万平方米目标任务。绿色建筑标准执行率达 46%。其中，大同市 100%，太原、忻州、吕梁、运城执行率达 49% 以上。政府投资类公益性建筑、大型公共建筑执行绿色建筑标准 607 万平方米，执行比例达 100%。保障性住房执行绿色建筑标准 164.77 万平方米，执行比例达 64%。截至 9 月底，山西累计完成“绿色建筑行动”投资计划 56.19 亿元，占全年任务的 98.5%，大同市、晋中、忻州、阳泉市已提前完成全年投资计划，太原市完成投资计划 22.47 亿元，占全年任务的 83%，其他市完成投资计划率也在 75% 以上。

同时，2016 年重点考核了山西 212 家工程造价咨询企业以及注册造价工程师 1620 人。其中，甲级 61 家、乙级 151 家。考核合格的企业 203 家，基本合格的 5 家，不合格的 4 家。合格企业达到企业总数的 98.1%（见表 3－10）。

表 3－10　　2016 年山西省工程造价咨询企业合格状况

地市	考核数		合格数		基本合格数		不合格数		合格率(%)	
	甲级	乙级	甲级	乙级	甲级	乙级	甲级	乙级	甲级	乙级
太原	44	65	44	61	0	1	0	3	100	93.8
大同	2	9	2	9	0	0	0	0	100	100.0
晋中	3	12	3	9	0	2	0	1	100	75.0
朔州	0	6	0	6	0	0	0	0	0	100.0
忻州	0	4	0	4	0	0	0	0	0	100.0
吕梁	1	4	1	4	0	0	0	0	100	100.0
阳泉	0	8	0	8	0	0	0	0	0	100.0
长治	2	13	1	13	1	0	0	0	50	100.0

续表

地市	考核数		合格数		基本合格数		不合格数		合格率(%)	
	甲级	乙级	甲级	乙级	甲级	乙级	甲级	乙级	甲级	乙级
晋城	5	6	5	6	0	0	0	0	100	100.0
临汾	1	10	1	10	0	0	0	0	100	100.0
运城	1	16	1	15	0	1	0	0	100	93.8

资料来源：山西省住房和城乡建设厅“关于工程造价咨询企业资质动态考核情况的通报（第1232号）”。

2015～2016年，山西省工业安装公司新建办公楼等26项工程获得山西省建筑工程最高奖（汾水杯），先后组织评审了3批72项优良工程与142项优良结构工程，建筑工程质量整体水平有较大提升（见表3－11）。

表3－11　　山西省优良工程与优良结构工程

工程类别	2015年	2016年
优良工程（住宅建筑）	15	5
优良工程（公共建筑）	27	9
优良工程（工业建筑）	14	2
优良结构工程（住宅建筑）	33	17
优良结构工程（公共建筑）	58	29
优良结构工程（工业建筑）	1	10

资料来源：山西省住房和城乡建设厅网站，晋建质监字［2015］8号《关于公布2015年第一批山西省优良工程的通知（第8号）》、晋建质监字［2016］4号《关于公布2015年第二批山西省优良工程的通知（第4号）》、晋建质监字［2016］13号《关于公布2016年第一批山西省优良工程的通知（第13号）》。

三、新兴领域不断深化拓展，服务能力与质量水平出现分化

企业技术中心数量与质量突破明显。2015～2016年，围绕传统优势产业改造提升、战略性新兴产业培育发展以及区域特色产业进行的重大、关键、共性技术研究和企业主要产品开展的技术研发及试验条件完善，加大了质量创新管理工作力度，重点加强企业技术中心、企业国家重点实验室、技术项目和质量信得过班组建设与运行管理工作。

2015年，组织认定了山西阳煤化工机械（集团）有限公司技术中心、太原晋西春雷铜业有限公司技术中心等19户企业技术中心为山西

省省级企业技术中心，山西省矿井数字化行业技术中心为山西省省级行业技术中心（见表3－12）。

表3－12　山西省第十九批省级企业及行业技术中心

序号	技术中心名称	地市
1	中国能源建设集团山西电力建设有限公司技术中心	太原
2	太原市京丰铁路电务器材制造有限公司技术中心	太原
3	山西阳煤化工机械(集团)有限公司技术中心	太原
4	山西北方机械制造有限责任公司技术中心	太原
5	山西中电科新能源技术有限公司技术中心	太原
6	山西省宏图建设集团有限公司技术中心	太原
7	太原晋西春雷铜业有限公司技术中心	太原
8	山西万立科技有限公司技术中心	太原
9	中铁十七局集团建筑工程有限公司技术中心	高新区
10	山西天地科技有限公司技术中心	高新区
11	山西宏厦建筑工程第三有限公司技术中心	阳泉
12	中煤集团山西华昱能源有限公司技术中心	朔州
13	山西华辉凯德制药有限公司技术中心	晋中
14	和顺银圣化工有限公司技术中心	晋中
15	山西省高平化工有限公司技术中心	晋城
16	山西永鑫煤焦化有限责任公司技术中心	临汾
17	山西运城建工集团有限公司技术中心	运城
18	山西格瑞环保有限公司技术中心	运城
19	山西八达镁业有限公司技术中心	运城
20	山西省矿井数字化行业技术中心	省机电行业办

资料来源：山西省经济与信息化委员会“关于认定山西省第十九批省级企业及行业技术中心的通知（2015.12.21）”。

在2015年国家发展改革委组织的1098户国家级企业技术中心评价中，太原重型机械集团有限公司技术中心、太原钢铁（集团）有限公司技术中心、天脊煤化工集团股份有限公司技术中心跻身全国100强。其中，太原重型机械集团有限公司技术中心紧随海尔集团公司荣获全国第2名，成了全国企业技术中心工作的领头羊；在年度评价结果、科技经费支出额、发明专利拥有量三大排行中均进入前50名，也是山西省唯一在本次评价中同时进入这三大排行的国家级企业技术中心。此外，阳泉煤业（集团）有限责任公司技术中心、山西晋城无烟煤矿业集团有限责任公司技术中心、山西焦煤集团有限公司技术中心、大同煤矿集团有限责任公司技术中心、山西潞安矿业（集团）有限责任公司技术中心年度科技活动经费支出额居全国前100名（见表3－13）。

表3－13　2016年山西省各企业技术中心评价结果及全国排名

序号	企业名称	评价结果	国家排序
1	太原重型机械集团有限公司	94.0	2
2	太原钢铁(集团)有限公司	89.4	34
3	天脊煤化工集团股份有限公司	87.0	77
4	山西汾西重工有限责任公司	85.3	130
5	晋西工业集团有限责任公司	82.2	253
6	经纬纺织机械股份有限公司	82.1	260
7	大同煤矿集团有限责任公司	82.0	262
8	中铁十二局集团有限公司	80.4	362
9	山西闻喜银光镁业(集团)有限责任公司	79.7	404
10	中铁十七局集团有限公司	79.6	412
11	亚宝药业集团股份有限公司	79.2	437
12	榆次液压有限公司	78.8	459
13	山西焦煤集团有限公司	77.4	535
14	中化二建集团有限公司	76.1	606
15	永济新时速电机电器有限责任公司	76.1	612
16	山西三维集团股份有限公司	75.6	641
17	阳泉煤业(集团)有限责任公司	74.6	700
18	山西蓝天环保设备有限公司	74.0	728
19	山西华顿实业有限公司	72.2	824
20	山西晋城无烟煤矿业集团有限责任公司	72.0	839
21	太原通泽重工有限公司	71.3	870
22	山西建筑工程(集团)总公司	71.2	881
23	南风化工集团股份有限公司	69.9	933
24	中国北车集团大同电力机车有限责任公司	68.6	973

资料来源：山西省经济与信息化委员会“关于2015年度国家级企业技术中心评价结果的通报”。

2016年2月20日，省科技厅组织省内外专家对太重集团“矿山采掘装备及智能制造国家重点实验室”和晋煤集团“煤与煤层气共采国家重点实验室”建设与运行实施方案进行了可行性论证，进一步提升了国家重点实验室服务山西省经济社会质量发展的能力。

四、环境法治建设与污染治理全面加强，环境质量持续改善

大气污染防治方面。紧紧抓住了“控煤、治污、管车、降尘”四个关键环节，注重综合施策，强化责任落实。2015～2016 年，超额完成了分散燃煤锅炉、黄标车及老旧车淘汰和清洁能源改造、工业堆场扬尘治理等任务。高标准完成北京 APEC 会议和“9.3 阅兵”空气质量保障工作。建立了重污染天气监测预警预报平台和会商制度。11 个地级市颗粒物源解析工作稳步推进，太原市率先通过专家评审。2015 年 11 个市平均达标天数 253 天，占全年有效监测天数的 70.4%，比 2014 年上升 7.1 个百分点，比 2013 年上升 20.1 个百分点；平均重污染天数 12 天，比 2014 年下降 0.8 个百分点，比 2013 年下降 5.4 个百分点；PM2.5 和 PM10 平均浓度比 2013 年分别下降 27.3%、16.9%。2016 年 1～6 月，山西环境空气综合指数同比上升 0.6%，11 个市达标天数平均为 117 天（见图 3－9 和表 3－14）。

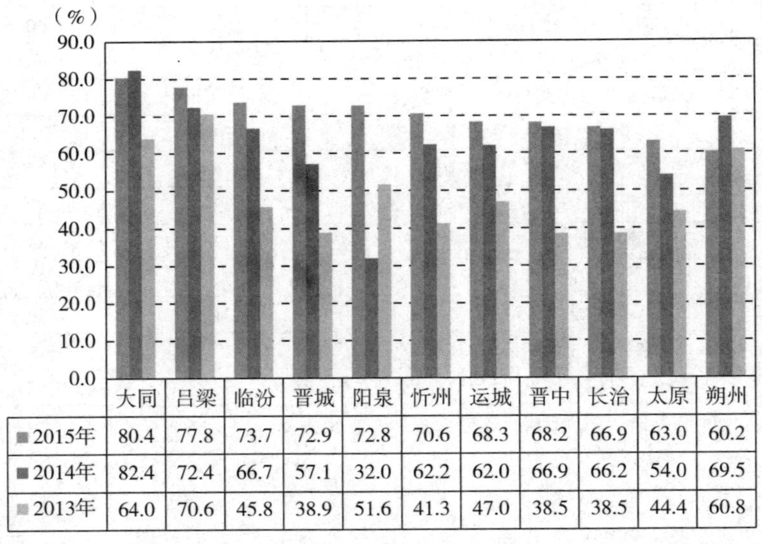

	大同	吕梁	临汾	晋城	阳泉	忻州	运城	晋中	长治	太原	朔州
2015年	80.4	77.8	73.7	72.9	72.8	70.6	68.3	68.2	66.9	63.0	60.2
2014年	82.4	72.4	66.7	57.1	32.0	62.2	62.0	66.9	66.2	54.0	69.5
2013年	64.0	70.6	45.8	38.9	51.6	41.3	47.0	38.5	38.5	44.4	60.8

图 3－9　2013～2015 年山西 11 个地级市空气质量达标天数比例

资料来源：《2015 年及“十二五”期间山西省环境质量状况》。

表 3-14　　2013~2015 年山西 11 个地级市空气质量达标天数比例

地市名称	2015 年(%)	2014 年(%)	2013 年(%)
大同	80.4	82.4	64.0
吕梁	77.8	72.4	70.6
临汾	73.7	66.7	45.8
晋城	72.9	57.1	38.9
阳泉	72.8	32.0	51.6
忻州	70.6	62.2	41.3
运城	68.3	62.0	47.0
晋中	68.2	66.9	38.5
长治	66.9	66.2	38.5
太原	63.0	54.0	44.4
朔州	60.2	69.5	60.8

资料来源：《2015 年及“十二五”期间山西省环境质量状况》。

水环境治理方面。优先保护饮用水，突出治理流域水，监督考核跨界水，积极防治地下水，全面处置污废水。出台了《山西省水污染防治工作方案》、《2016 年水污染防治行动计划》，向各市下达了《水污染防治目标责任书》。2015 年山西地表水水质优良断面比例较 2014 年下降了 3.9 个百分点、重污染断面比例较 2014 年上升了 7.0 个百分点。2016 年 1~6 月，山西地表水水质优良断面比例同比下降了 2.5 个百分点、重污染断面同比上升了 1.6 个百分点。虽然形势有所恶化，但是水质优良断面比例较 2010 年仍然上升了 9.3 个百分点，重污染断面比例较 2010 年仍然下降 23.4 个百分点，整体表现仍然向好；2015 年 11 个地级城市集中式饮用水源地水质达标率为 87.9%，比 2014 年上升 0.5 个百分点，基本保持稳定。

总量减排推进方面。坚持增量控制与存量削减同步。严格审核建设项目主要污染物总量，实施差别化总量置换，建立新增排污权有偿使用机制。大力实施工程减排，现役燃煤机组已全部安装脱硫设施，取消烟气旁路，30 万千瓦以上燃煤机组全部实施脱硝改造，42 台燃煤机组实现超低排放。全面完成了国家下达的“十二五”规划及 2015 年年度减排目标任务。

农村生态环境治理方面。2015 年，积极开展 1370 个村庄环境连片

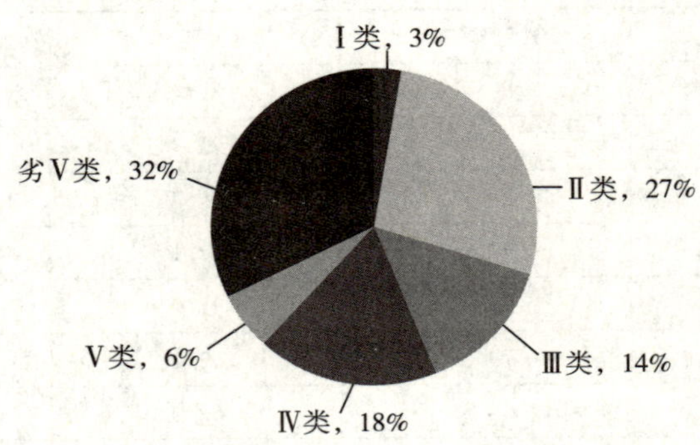

图3－10　2015年山西地表水水质类别比例

资料来源：《2015年及“十二五”期间山西省环境质量状况》。

整治和536个村庄生活污水处理工程建设。督促指导700多家煤炭企业开展矿山生态环境恢复治理。推动生态文明示范创建提档升级，创建了16个国家级生态示范区和一批国家级、省级生态乡镇、生态村。土壤污染状况调查和污染场地修复示范工作走在全国的前列。在26个县开展了78个村开展了农村环境空气、饮用水源和土壤监测。环境空气总体达标率87.9%，地下水饮用水源水质总体达标率为69.4%，河流水质达标率为48.6%，土壤无污染点位占到96.8%。

省城环境质量改善方面。坚决落实省城环境质量改善指导协调组的安排部署，认真履行指导协调组办公室职责，在政策、资金和工作指导等方面大力支持太原市改善省城环境质量，“五大工程”和“五项整治”取得积极进展。2015年，太原市达标天数230天，比2013年增加68天；重污染天数12天，比2013年减少26天，省城环境质量得到进一步改善。

环境法治建设方面。山西环保系统严格执行新《环保法》，认真贯彻国务院《关于加强环境执法监管的通知》，印发了《山西省环境保护厅审批环境影响评价文件的建设项目目录（2015年）》，深入开展山西环境保护大检查、违法违规建设项目清理整顿和“土政策”清理整顿，积极推进环境监管网格化管理。积极探索行政执法与刑事司法衔接机制，连续开展了严厉打击环境污染违法犯罪行为专项行动。加大了环境管理和审批权限下放力度。2015年，山西共查处四类典型案件303件，其中太原市在山西首开按日计罚罚单，罚款金额达165万元。同时，与华北督查中心联合对太原、晋中、阳泉、吕梁、运城等市开展了综合督查，约谈了“四县一区一企”主要负责人，有力促进了环境问题整改。2015年省本级环评审批164个，同比减少51%。在低热值煤发电项目环评审批方面，严格优先原则和审批标准，细化审批流程和时限步骤，保质保量完成了省政府“两个1000万”的目标任务。同时，加强建设项目事中事后监管，推动154个项目完成卫生防护距离内居民的搬迁，完成了487个建设项目环保竣工验收。进一步激活排污权交易市场，累计完成主要污染物排污权交易1221宗，交易金额14.83亿元。推广企业环境污染责任保险，449家企业投保，保费金额1.7亿元。在全国率先成立了省级环境污染损害司法鉴定中心，为11起环境污染损害案件提供了司法鉴定服务。

第二节 重点领域产品质量状况

2015年以来，山西围绕“去产能、去库存、去杠杆、降成本、补短板”五大任务，不断加大重点领域产品质量的监督抽查力度，总体质量水平稳中向好，但个别地区、个别领域仍有较大的提升空间。

一、制造业产品质量呈现整体上升态势，但地区和产品间差距仍然较大

2015～2016年，山西省制造业产品质量总体水平稳中有升。通过对省产品质量监督检验研究院、纤维检验局等6家检验机构提交的37个类别、700个抽样产品检验报告汇总分析，山西省制造业产品质量合格率达到94.29%，比上一年度提高近1.2个百分点。

按照产品类别，2015～2016年完成的33个类别抽样检验中，餐具用洗涤剂、电力金具等24个产品检验合格率达到100%（见表3－15、表3－16和图3－11）。

表 3-15　2015 年山西省制造业产品质量合格率（按产品类别）

序号	产品类别	检验总数	合格数	合格率(%)
1	餐具用洗涤剂	2	2	100.00
2	建筑铝型材	7	7	100.00
3	食用油	5	5	100.00
4	白酒	33	33	100.00
5	电力金具	10	10	100.00
6	小麦粉	19	19	100.00
7	食醋	29	29	100.00
8	冷轧带肋钢筋	1	1	100.00
9	电线电缆	35	35	100.00
10	法兰	1	1	100.00
11	复混肥料	32	32	100.00
12	钢筋混凝土用热轧钢筋	16	16	100.00
13	钢丝增强液压橡胶软管和软管组合件	6	6	100.00
14	燃气灶具	1	1	100.00
15	水泥	120	120	100.00
16	铸件	5	5	100.00
17	玻璃器皿	37	37	100.00
18	农药	16	16	100.00
19	人造板	2	2	100.00
20	阻燃输送带	5	5	100.00
21	尿素	1	1	100.00
22	危险化学品包装物(塑料编织袋)	4	4	100.00
23	橡胶密封制品	9	8	100.00
24	化肥	20	20	100.00
25	粗苯	73	72	98.63
26	玛钢件	60	55	91.67
27	带式输送机	29	25	86.20
28	焦炭	62	53	85.48
29	防静电服、阻燃服、安全帽、绝缘鞋	12	10	83.33
30	建筑钢管脚手架扣件	17	12	70.59
31	衬衣、西服	9	6	66.67
32	液压件	19	12	63.16
33	曲轴	3	0	0.00
总计		700	660	94.29

资料来源：2015 年度山西制造业产品质量合格率统计调查汇总分析工作报告。

表 3－16　　2015 年山西省制造业产品质量合格率（按检验机构）

序号	检验机构	检验总数(批)	合格数(批)	合格率(%)
1	山西省分析科学研究院	86	86	100.00
2	山西省产品质量监督检验研究院	295	294	99.66
3	国家煤及煤化工产品质量监督检验中心	155	145	93.55
4	山西省玛钢管件产品质量监督检验站	75	70	93.33
5	山西省纤维检验局	21	16	76.19
6	山西省机械产品质量监督检验站	68	49	72.06
总计		700	660	94.29

资料来源：2015 年度山西制造业产品质量合格率统计调查汇总分析工作报告。

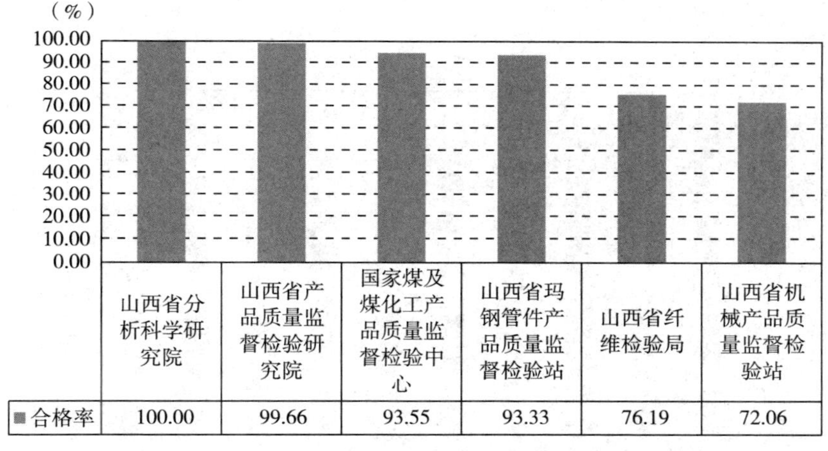

图 3－11　2015 年山西省制造业产品质量合格率（按检验机构）

资料来源：2015 年度山西制造业产品质量合格率统计调查汇总分析工作报告。

按照地市，山西 11 个地市中，太原、阳泉抽取的 53、32 个样本检验合格率达到 100%（见表 3－17 和图 3－12）。

表 3－17　　2015 年山西省制造业产品质量合格率统计（按地市）

序号	地市	检验总数(批)	合格数(批)	合格率(%)
1	太原	53	53	100.00
2	阳泉	32	32	100.00
3	朔州	34	33	97.06
4	运城	67	65	97.01

续表

序号	地市	检验总数(批)	合格数(批)	合格率(%)
5	长治	60	58	96.67
6	吕梁	83	79	95.18
7	忻州	18	17	94.44
8	晋中	172	159	92.44
9	晋城	66	61	92.42
10	临汾	91	82	90.11
11	大同	24	21	87.50
总计		700	660	94.29

资料来源：2015 年度山西制造业产品质量合格率统计调查汇总分析工作报告。

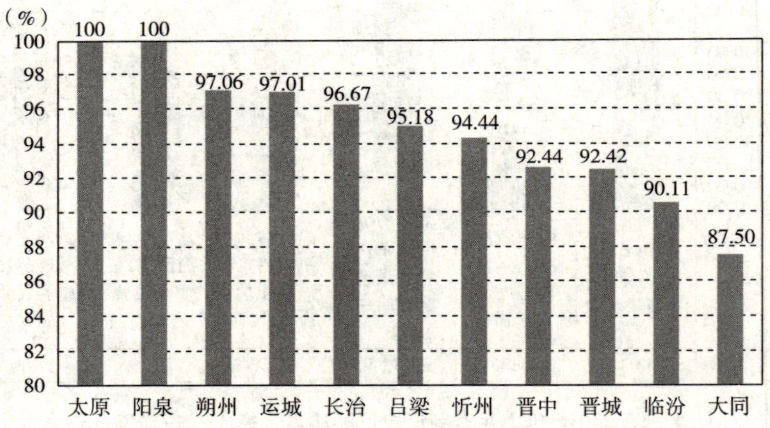

图 3－12　2015 年山西省制造业产品质量合格率统计（按地市）

资料来源：2015 年度山西制造业产品质量合格率统计调查汇总分析工作报告。

二、种畜产品、水产品整体质量高于目标值，但内部质量水平差异仍然明显

2015～2016 年，农产品治理安全例行监测平均合格率为 96.4%，畜禽产品安全例行监测平均合格率为 99.3%，分别高于目标值 1.9 和 3.3 个百分点（见表 3－18）。

表 3-18 2015~2016 年山西省农产品、畜禽产品合格率

年度	名称	合格率(%)
2015 年三季度	蔬菜	96.40
	畜禽产品	98.00
2015 年四季度	蔬菜	96.40
	畜禽产品	100.00
2016 年一季度	蔬菜	96.40
	畜禽产品	100.00
2016 年二季度	蔬菜	96.50
	畜禽产品	100.00

资料来源：农业部例行监测山西省农产合格率汇总表。

2015~2016 年，水产品治理安全例行监测平均合格率为 96.5%。其中，鱼类平均合格率为 93%、虾类平均合格率为 100%（见表 3-19）。

表 3-19 2015~2016 年山西省水产品合格率

年度	水产品种类	抽样数量(个)	合格数(个)	合格率(%)
2015 年第三批	鱼类	42	36	85.7
	虾类	8	8	100.0
2015 年第四批	鱼类	42	39	92.9
	虾类	8	8	100.0
2016 年第一批	鱼类	45	44	97.8
	虾类	5	5	100.0
2016 年第二批	鱼类	45	43	95.6
	虾类	5	5	100.0

资料来源：山西省水利厅关于 2015 年农业部对山西省第三批市场水产品质量安全例行监测结果的通报，晋水渔［2015］388 号；关于报送“2015 年山西省第三批水产品质量安全例行监测总结”的报告，农渔质监津（业）［2015］18 号；山西省水利厅关于 2015 年农业部对山西省第三批市场水产品质量安全例行监测结果的通报，晋水渔［2015］548 号；关于报送“2015 年山西省第三批水产品质量安全例行监测总结”的报告，农渔质监津（业）［2015］26 号；山西省水利厅关于 2016 年农业部对山西省第一批市场水产品质量安全例行监测结果的通报，晋水渔［2016］76 号；关于报送“2016 年山西省第一批水产品质量安全例行监测总结”的报告，农渔质检（宁）［2016］7 号；山西省水利厅关于 2016 年农业部对山西省第二次市场水产品质量安全例行监测结果的通报，晋水渔［2016］196 号；关于报送“2016 年山西省第二批水产品质量安全例行监测总结”的报告，农渔质检（宁）［2016］16 号。

三、文化旅游发展迅速，投诉率有所上升、服务质量分化明显

2015 年，山西省文化旅游产业保持快速增长、势头良好，山西各级旅游质监执法机构持续加强对旅游服务的监督管理。山西共受理旅游投诉 239 件，比上年增加 49 件，同比上升 26%。百万人次投诉率由上年的 1.7 上升到 2.1。

分季度情况看，2015 年一季度共接到旅游投诉 23 件，占投诉总数的 10%，比上年同期增加 14 件，同比上升 156%；二季度共接到旅游投诉 94 件，占投诉总数的 39%，比上年同期增加 2 件，同比上升 2%；三季度共接到旅游投诉 83 件，占投诉总数的 35%，比上年同期增加 18 件，同比上升 28%。第四季度共接到旅游投诉 39 件，占投诉总数的 16%，比上年同期增加 15 件，同比上升 63%（见表 3－20）。

表 3－20　　2014 年、2015 年旅游投诉量

时间	2014 年投诉量（件）	2015 年投诉量（件）	变化率（%）
第一季度	9	23	156
第二季度	92	94	2
第三季度	65	83	28
第四季度	24	39	63

资料来源：2015 年四季度质监动态合稿。

2016 年第一季度，山西各级旅游质监执法机构共受理旅游投诉 57 件，比上年同期增加 34 件，同比上升 148%。

在投诉渠道上，电话投诉 149 件，书面投诉 29 件，网络投诉 49 件，来访投诉 12 件（见表 3－21）。

表 3－21　　2014～2015 年不同渠道旅游投诉量

投诉渠道	2014 年投诉量（件）	2015 年投诉量（件）
电话投诉	144	149
书面投诉	30	29
网络投诉	12	49
来访投诉	4	12

资料来源：2015 年四季度质监动态合稿。

省内游方面，受理投诉160件，旅游资源相对集中的大同、晋中等地投诉量较多。投诉对象主要为景区（点）及住宿设施。景区（点）问题投诉共117件，占投诉总数的49%。其中：景区停车场问题11件，占景区投诉总数的9%，比上年减少6件，同比下降35%；景区小交通问题22件，占景区投诉总数的19%，比上年增加2件，同比上升10%；景区门票问题34件，占景区投诉总数的29%，比上年增加21件，同比上升162%；景区周边环境问题10件，占景区投诉总数的9%，与上年持平；景区服务质量、工作人员服务态度问题18件，占景区投诉总数的15%，比上年减少5件，同比下降22%；景区燃香问题3件，占景区投诉总数的3%，比上年减少8件，同比下降73%；景区安全问题12件，占景区投诉总数的10%；其他问题7件，占景区投诉总数的6%。案投诉件发生地表现出扩散状况（见表3-22、表3-23）。

表3-22　　省内旅游投诉案件发生地

投诉发生地	投诉量(件)
大同	35
忻州	18
晋中	31
长治	25
太原	20
吕梁	10
晋城	9
临汾	7
运城	5

资料来源：2015年四季度质监动态合稿。

表3-23　　省内游投诉对象

投诉对象	2014年投诉量(件)	2015年投诉量(件)
景区停车场	17	11
景区小交通	20	22
景区门票	13	34
景区周边问题	10	10
服务质量,工作人员服务态度	23	18
景区燃香	11	3
景区安全	0	12
其他	0	7

资料来源：2015年四季度质监动态合稿。

省外游方面，共受理投诉55件，发生地以沿海省份、山东及热门线路华东、云南居多。旅行社问题投诉共55件，占投诉总数的23%。其中：旅游行程中降低服务标准问题13件，占旅行社投诉总数的12%，比上年增加7件，同比上升116%；旅行社未经游客同意擅自增减旅游项目问题12件，占旅行社投诉总数的11%，比上年增加5件，同比上升71%；导游未尽职责问题11件，占旅行社投诉总数的10%，比上年减少2件，同比下降15%；因航班等交通工具导致行程延误变更行程问题13件，占旅行社投诉总数的12%，比上年增加8件，同比上升160%；退团团费纠纷问题2件，占旅行社投诉总数的2%，比上年增加1件，同比上升100%；安全问题4件，占旅行社投诉总数的4%（见表3－24）。

表3－24　　省外游投诉原因

投诉原因	2014年投诉量(件)	2015年投诉量(件)
降低等级标准	6	13
擅自增减项目	7	12
导游未尽职责	13	11
延误变更日期	5	13
退团纠纷	1	2
安全问题	0	4

资料来源：2015年四季度质监动态合稿。

出境游方面，共受理投诉24件，同比增加7件，增幅超过四成，发生地以港澳台占多。投诉对象全部为旅行社，强迫或变相强迫购物及签证是引发投诉的主要原因（见表3－25）。

表3－25　　出境游投诉原因

投诉原因	投诉量(件)
不合理低价	3
强迫或变相强迫购物	9
签证	8
导游服务质量	2
违反合同约定	2

资料来源：2015年四季度质监动态合稿。

四、流通领域商品质量抽检情况

2015年，山西省在流通领域商品质量抽检工作中认真贯彻国家工商总局精神，严格按照国家工商总局的要求确定抽检商品种类，确定了9家检验单位，对8类计49种商品在山西范围内实施执法抽检。共抽取各类商品2809组。经承检单位检验有1836组商品合格，973组商品不合格，总合格率为65.4%（见表3－26）。

表3－26　　2015年流通领域商品质量抽检情况

序号	商品类别			抽检总计	合格	不合格	合格率(%)
一	家用电子电器类	1	洗衣机	16	12	4	75.00
		2	电冰箱	28	26	2	92.90
		3	电饭煲	31	22	9	71.00
		4	电脑	31	31	0	100.00
		5	电视	28	27	1	96.40
		6	电风扇	5	4	1	80.00
		7	音箱	15	14	1	93.30
		8	热水壶	57	46	11	80.70
		9	电磁炉	12	9	3	75.00
		10	油烟机	20	18	2	90.00
		11	空调	6	6	0	100.00
		12	加热器	8	8	0	100.00
		小计		257	223	34	86.80
二	服装	13	服装	550	360	190	65.50
三	装饰装修材料	14	开关、插座	76	34	42	44.70
		15	灯具	74	33	41	44.60
		16	电线电缆	95	50	45	52.60
		17	水嘴、阀门	92	45	47	48.90
		18	锁具	64	51	13	79.70
		19	管材	48	16	32	33.30
		20	型材、铝材	36	14	22	38.90

续表

序号	商品类别			抽检总计	合格	不合格	合格率(%)
三	装饰装修材料	21	溶剂型木器涂料	38	36	2	94.70
		22	涂料	31	31	0	100.00
		23	内墙涂料	45	42	3	93.30
		24	细木工板	40	30	10	75.00
		25	陶瓷砖	35	31	4	88.60
		26	塑钢	40	38	2	95.00
		27	镀锌管、钢筋	101	46	55	45.60
		小计		815	497	318	61.00
四	交通工具	28	润滑油	60	58	2	96.70
		29	压缩天然气	53	47	6	88.70
		30	电动自行车	62	48	14	77.40
		31	液化气	46	32	14	69.60
		小计		221	185	36	83.70
五	日用百货	32	化妆品	70	70	0	100.00
		33	香皂	23	22	1	95.70
		34	洗衣粉(液)	50	31	19	62.00
		35	染发剂	43	43	0	100.00
		36	洗发露	44	38	6	86.40
		小计		230	204	26	88.70
六	鞋、皮革箱包	37	鞋	152	76	76	50.00
		38	皮革、箱包	73	25	48	34.20
		小计		225	101	124	44.90
七	手机	39	手机	100	46	54	46.00
八	儿童用品	40	儿童用品	411	220	191	53.50
总计				2809	1836	973	65.40

资料来源：山西省工商局2015年流通领域商品质量抽检情况汇总。

此外，结合国家去产能相关要求，2015年山西淘汰落后水泥60万吨，电解铝7万吨，电力2.4万千瓦，圆满完成了国家下达山西省的淘汰落后产能目标。2016年6月，省质监局对山西11个地市全部钢铁、水泥生产许可证获证企业进行了“拉网式”监督检查。其中，钢铁企业23家，停产4家，占全部企业的17.3%；水泥企业125家，停产37家，占全部企业的30%（见图3－13）。

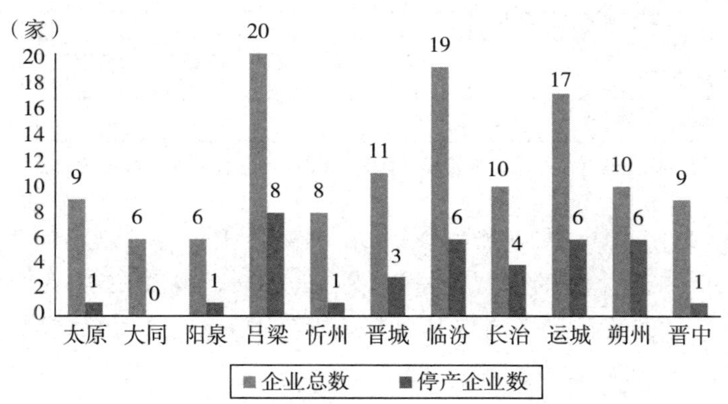

图3－13　2016年山西省水泥企业停产情况

资料来源：2016年钢铁、水泥获证企业检查情况通报。

第三节　产品质量安全状况

一、食品质量安全有较大程度改观，不合格产品问题多样

2015年，国家食品安全监督抽检山西省食品及食品相关产品2768批次，涉及20大类63个食品品种。其中粮、油、肉、蛋、乳五类大宗日常消费品中，粮食及粮食制品抽检407批次，不合格8批次，样品合格率98.03%；食用油及其制品抽检165批次，不合格5批次，样品合格率96.97%；肉及肉制品抽检234批次，不合格6批次，样品合格率97.44%；蛋及蛋制品抽检50批次，全部合格，样品合格率100%；乳制品抽检152批次，不合格3批次，样品合格率98.03%（见表3－27）。

表 3－27　　大宗日常消费食品抽检汇总

食品品种	抽检数(批次)	不合格数(批次)	合格率(%)
粮食及粮食制品	407	8	98.03
食用油及其制品	165	5	96.97
肉及肉制品	234	6	97.44
蛋及蛋制品	50	0	100.00
乳制品	152	3	98.03

资料来源：山西省食品药品监督管理局2015年承担国家食品安全监督抽检情况公告。

蔬菜及其制品的样品合格率为98.96%，水果及其制品的样品合格率97.05%，调味品的样品合格率为95.88%，酒类的样品合格率为95.97%，豆类及其制品的样品合格率97.18%，餐饮食品样品合格率96.07%（见表3－28）。

表 3－28　　食品抽样合格率

食品类别	抽样合格率(%)
蔬菜及其制品	98.96
水果及其制品	97.05
调味品	95.88
酒类	95.97
豆类及其制品	97.18
餐饮食品	96.07

资料来源：山西省食品药品监督管理局2015年承担国家食品安全监督抽检情况公告。

抽检发现的主要问题：一是发现禁限用兽药残留超标，占不合格样品总数的3.46%，个别水产品样品中检出硝基呋喃类代谢物—氨基脲等禁用兽药。二是发现微生物污染问题，占不合格样品数的53.76%，主要是部分桶装水、肉及肉制品、焙烤食品等产品中大肠菌群、菌落总数、铜绿假单胞菌超标。三是发现超范围、超限量使用食品添加剂，占不合格样品数的26.01%，个别火锅底料样品中检出罂粟碱、那可丁和可待因等非食用物质。四是发现品质不达标情况，占不合格样品数的15.03%，主要是部分酒类、食醋、乳制品、食用油产品中酒精度、总酸、非脂乳固体、酸值等不合格（见表3－29）。

表 3－29　食品抽检发现的问题

食品问题	不合格占比(%)
禁限用兽药残留超标	3.46
微生物污染问题	53.76
发现超范围、超限量使用食品添加剂	26.01
品质不达标	15.03
其他	1.74

资料来源：山西省食品药品监督管理局 2015 年承担国家食品安全监督抽检情况公告。

经分析，农兽药残留超标问题，主要是种养殖过程中违法违规使用农药兽药造成；微生物污染问题，主要是生产环境和卫生条件控制不到位，储运过程和销售终端未能持续保持储运条件，因包装不严、破损造成二次污染等原因造成；非法添加及食品添加剂超标问题，主要是生产经营者对法规标准认知度不高或者存在主观故意，为延长保质期或提升产品感官品相，违反规定滥用食品添加剂，甚至非法添加非食用物质造成；品质指标不合格问题，主要是生产工艺不合理或关键工艺控制不当造成，也不排除个别食品生产经营者故意以次充好、偷工减料，甚至违法掺杂使假的情况。

二、特种设备检验工作进展顺利，质量安全总体可控

2016 年，山西省质监局组织山西省特种设备监督检验研究院结合检验工作实际，编制了包括《电梯检验分册》和《起重机械检验分册》两册的《山西省特检院特种设备检验手册》，规范现场检验。重点开展了车站、机场、商场等人员密集场所使用的电梯、游乐设施，以及建筑、化工、军工、民爆、冶金、电力等高危企业使用的起重机械、厂（场）内机动车辆等特种设备安全大检查。2016 年 1 ~7 月完成定期检验任务 9676 台，报停 128 台，报废 117 台，向监察机构报送隐患 125 条 277 台。组成 3 个工作小组，深入到天津奥的斯电梯有限公司太原分公司、太原上海三菱等电梯安装维修部等 20 多家安装、使用单位，收集意见和建议 10 多条。组织电梯行业、游乐设施行业等相关企业和监察部门开展座谈 2 次，帮助太原市动物园解决游乐设施延寿检验工作，与迎泽公园以及各地市质监局联合召开游乐设施座谈会。

截至2015年，山西在用特种设备208063台，其中锅炉17708台，压力容器73819台，电梯57125台（含自动扶梯和自动人行道5202部），起重机械52180台，场（厂）内专用机动车辆6850辆，客运索道37条，大型游乐设施344台（套）。另有气瓶300余万只，压力管道1万余公里。设备总量以年均15%的幅度递增，但老化程度日趋加重，安全风险日益加大（见图3－14）。

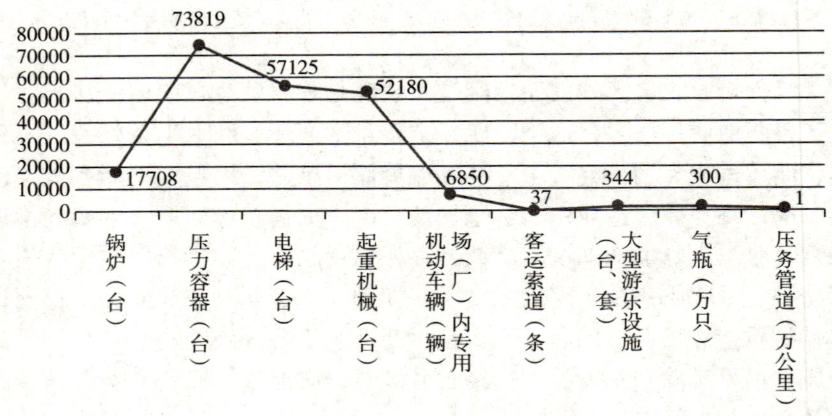

图3－14 特种设备种类与数量

资料来源：《关于深入开展油气输送管道隐患整治攻坚战的通知》（晋质监局发），《山西省锅炉安全攻坚战工作方案》（晋质监局发），《山西省电梯安全监管大会战工作方案》（晋质监局发），《关于转发〈山西省人民政府安全生产委员会办公室关于落实省领导重要批示，切实抓好自动扶梯和自动人行道安全专项整治工作的函〉》（晋质监局发〔2015〕133号）。

2015年，山西先后开展了油气输送管道隐患整治、锅炉安全监管、电梯安全监管、自动扶梯和自动人行道安全监管等专项整治和攻坚战，共检查压力管道8360公里，排查锅炉使用单位1853家，锅炉2907台，检查电梯43413台，专项整治自动扶梯和自动人行道5202部，消除了一大批安全隐患，设备安全运行状况得到明显改善。特别是9月份以来，省质监局对山西243家电梯安装改造单位的资质能力和工作质量进行了全面检查，147家企业被责令针对问题进行整改；82家单位被通报批评，列为重点监控对象，受到约谈和督办整改；4家单位被注销“电梯安装改造维修许可证”。

三、危险化学品质量管控日趋严格，但隐患排查仍任重道远

2015～2016 年，加强了危险化学品安全生产许可证管理工作，先后组织了 19 次危险化学品安全生产许可证工作联席会议（见表 3－30、表 3－31）。

表 3－30　2016 年危险化学品安全生产许可证管理情况

时间	发证（家）	延期（家）	变更（家）	注销（家）	不发（家）
2016 第 8 次	1	10	4	6	1
2016 第 7 次	3	1	2	0	0
2016 第 6 次	0	8	7	0	3
2016 第 5 次	0	7	1	12	3
2016 第 4 次	4	8	3	13	0
2016 第 3 次	3	5	1	0	3
2016 第 2 次	3	3	2	8	0
2016 第 1 次	3	10	3	8	5
合计	17	52	23	47	15

资料来源：危险化学品安全生产许可工作联席会议纪要。

表 3－31　2015 年危险化学品安全生产许可证管理情况

时间	发证（家）	延期（家）	变更（家）	注销（家）	不发（家）
2015 第 11 次	0	7	4	5	7
2015 第 10 次	3	10	4	6	5
2015 第 9 次	0	8	7	0	3
2015 第 7 次	1	9	3	12	3
2015 第 5 次	3	12	0	5	2
2015 第 3 次	2	16	3	5	2
合计	9	62	21	33	22

资料来源：危险化学品安全生产许可工作联席会议纪要。

第四章

质量管理责任体系与能力建设

第一节 质量管理责任体系

质量管理涉及多方主体，不同主体所承担的质量管理责任不尽相同。责任主体的角色定位和责任范围的界定，以及由于主体行为确实而导致的消费者权益受损，应承担的损害补偿，同时对相应主体的责任追究，都应该在质量管理责任体系中明确规定。在质量管理责任体系中，企业作为市场主体，产品生产的主要力量，是质量管理最重要的责任主体，在质量管理中起主导作用；政府在市场经济中起宏观调控作用，在质量管理中同样起宏观引导的作用，必要时采取强制手段保证质量安全；社会组织作为质量管理体系的补充，介于企业和政府之间，一方面，监督生产者的生产经营行为，督促企业向市场提供质量安全的产品，另一方面，也可以为受到质量伤害的消费者提供法律救济和其他方面的救助。

一、企业质量管理责任——主体作用

鲍文（Howard Bowen，1908～1989）在1953年最先提出了企业社会责任的定义，鲍文认为，“企业经营管理者有这样的义务，要按照社会所期望的价值和目标，来制定政策、采取某些行动或进行决策”。企业社会责任，就是企业为满足社会公众对企业的期望和要求所应该采取的行动，应履行的职责，应做的奉献和应尽的义务。

随着经济社会的不断发展，人民生活水平的逐步提高，居民对质量

的要求也越来越高。国务院颁布的《质量发展纲要（2011～2020年）》的公布，企业履行质量安全的社会责任成为强化企业质量主体作用的路径之一。同时由国际标准化组织（International Organization for Standardization，ISO）发布的关于企业社会责任的国际标准ISO 26000中，也明确了质量安全是企业的社会责任的重要内容之一，因此企业的质量管理也逐渐成为企业战略性管理，具体来说就是对自身产品质量进行管理。而企业质量管理也是企业社会责任最基本、最重要的内容，一方面，良好的品质能满足消费者的需要和满足，另一方面，也有利于企业效益的提高以及企业的长远发展。随着质量管理战略性地位的提高，企业也在不断调整质量管理模式，同时，企业质量安全责任的维度和深度都发生了显著的变化，已经从单维度的、仅仅与经济活动直接相关的责任，转化为多维度、更为深刻地联系经济环境与社会体系的企业质量安全的社会责任。

质量管理是企业围绕着质量而开展的各种计划、组织、领导与控制等管理活动的总和，在企业的各项管理活动中占有很重要的地位。质量管理的有效实施有助于企业承担社会责任。一流企业做品牌，二流企业做服务，三流企业做质量。80%的世界500强企业都经历过这三个阶段。企业履行质量安全的社会责任，就要求企业在权责一致的基础上，不能将包含原材料、劳动力、环境等成本在内的成本要素外部化，将投入转嫁给消费者或社会。同时又不能损害企业自身的利益，保障员工及股东的利益。企业在生产过程中，应树立诚信至上、以质取胜的经营理念，为消费者提供安全、优质、优价的产品。通过采用先进的生产方式，加大技术创新，加快成果转化，致力于产品质量、产品档次的提升，以质量创新来自觉践行社会责任。积极参与产品质量安全责任保险制度与体系的构建，参与质量安全多元救济机制。与行业协会、保险公司和评估机构加强合作，降低质量风险，依法保障消费者的合法权益。对由于自身产品质量问题造成的消费者及社会损失，要积极承担补救措施，弥补损失，并以此为戒，加强质量管理。

企业的质量管理需要与其他管理活动结合起来，如财务管理、人力资源管理、生产管理等，只有将企业各项管理紧密结合在一起，才能实现企业的质量目标。通过提供优质的产品及服务，满足消费者需求，提高企业的市场地位，才是企业实现长远发展的唯一途径，任何一个企业从创立到发展壮大都要有质量作保证。而那些不注重产品质量和质量管理，生产不合格产品，损害社会和消费者利益的企业，最终会走下坡路，逐渐被优质企业取代。因此，企业应当建立全面有效的质量管理流程，以好的产品质量作为保证，为企业的存在和发展提供强有力的保障。只有获得消费者的支持，扩大市场占有率，才能为企业带来更高的经济效益。同时提供高质量的产品，能为企业带来更多的议价能力，从而保证企业的市场地位。再次企业利用各种资源提高产品质量，使企业资源得到优化配置，以最低的成本给顾客提供满意的产品，这是企业效益持续提高的重要源泉。

企业提高质量管理可以从以下几方面入手：

1. 提高管理者的质量意识

管理者是企业发展的掌舵人，决定着企业各项大小决定的规划及实施，只有管理者质量意识提高，才能将质量管理放在企业管理的战略性位置，实现质量目标的逐级分层管理。

2. 积极推行质量标准认证工作

质量认证是企业质量管理的责任体现。通过第三方提供的质量标准，对企业产品质量进行评价，也为社会和消费者提供了可观、公正的参考，对企业的质量管理具有指导意义。

3. 全面监管企业质量管理的实施

企业自身不仅要制定各项规章制度规范质量管理工作，也要接受来自政府部门和社会组织的监督管理，及时向消费者提供有效的质量信息，保障消费者的知情权。

二、政府质量管理责任——宏观引导作用

现代经济学创始人亚当·斯密将市场经济运行比喻为“看不见的手”，市场经济实现可以自我调整、自我均衡。但市场不是万能的，在现实中总是存在着诸多“市场失灵”的地方。正是由于市场失灵的存在，才需要政府的宏观调控。

自改革开放后，我国经济得到迅速发展，公民生活水平显著提高。同时，欧美国家政府“顾客至上”的服务理念在世界一体化和经济全球化的发展趋势下被引入中国。为满足公众日益增长的对政府公共服务的期望，中国政府于 20 世 90 年代末开始在政府部门开展质量管理实践。尤其是中国加入世界贸易组织后，世贸组织的规则和建设社会主义市场经济的实际需要迫切要求政府部门实施质量管理大跨步前进，从而提高政府工作效率和执政能力，改善服务质量，促进公平、公正，实现政府由“经济型”向“服务型”转变，走和谐发展之路。中国政府于 2000 年 6 月开始实施 ISO9000 质量管理标准。2001 年 5 月 31 日成功获取质量体系认证证书的广州天河科技园、软件园管委会，这是我国第一个通过 ISO9000 国际质量管理体系认证的政府机构。近年来，我国已有 2000 多个政府部门通过 ISO9000 质量管理体系认证，以提高质量为核心、强调过程方法的 ISO9000 质量管理体系，为政府部门强化服务意识、提高服务质量带来了先进的理念和工具。同时，2001 年 4 月，国务院设立国家质检总局（AQSIQ），为国务院直属的正部级机构。国家质检总局主管全国质量、计量、标准化、出入境商品检验、国境卫生检疫、出入境动植物检疫、进出口食品安全、认证认可等工作，并行使行政执法职能。

质量逐渐受到公共的关注，对政府质量管理提出了更高的要求，政府需要改变提供公共产品和公共服务时只顾生产而不顾公众需求的方法。强化“为公众服务、对公众负责”的顾客导向，不能仅仅从服务提供者的角度来看待质量，应从顾客和其他受益者的立场来看待质量，只有这样才能提供满足需要的服务。随着科学技术的广泛应用，政府在质量管理中也逐渐依赖科技进步，近年来提出了全面质量管理的概念。全面质量管理（TQM）就是将产品生产的全面质量管理的基本工作原则、运筹模式应用于政府机构设置之中，以达到政府机构工作的全面优质、高效。全面质量管理的理念不仅引起全世界工业界的大规模革新，而且正被逐渐引入到政府工作中来。政府全面质量管理是一种全员参与的、以各种科学方法改进公共组织的管理与服务的，对公共组织提供的公共物品和公共服务进行全面管理，以获得顾客满意为目标的管理方法、管理理念和制度。

2008 年底的“三鹿毒奶粉事件”就引起消费者对整个中国奶业的

不信任。一系列有关婴幼儿奶粉的质量安全事件更是引起大众对中国乳制品行业的“谈虎色变”。但是，仅仅依靠市场的自我调节作用，并不能对这些危害消费者的生产者和厂商起到制裁作用，它们以其不正当的生产方式，损害消费者及社会的利益，同时对同业竞争者及整个行业都会产生不利影响，但却不用为此付出任何成本，因此，必须要有政府的介入，对其采取强制性手段，以制止不法厂商的行为。政府干预的原则是“外部效应内部化”，即构筑这样一种制度，让产生外部正效应的行为人获得比在市场机制自由作用下更多的收益，让产生外部负效应的行为人承担比在市场自由作用下更多的成本。

国家为进一步加强质量管理，推行认证认可制度。采用质量管理体系认证这一国际先进理念来强化行政管理，推动自身改革，转变政府职能，使每项工作有章可循、有据可依，初步形成了章法有度、责任明确、运转高效、反应灵敏的工作模式，有力提升了行政效能和服务水平。认证认可是市场经济条件下加强质量管理、提高市场效率的基础性制度安排，也是国际通行的贸易便利化工具和世界公认的国家质量技术基础，在保证产品安全、提高质量水平、推进贸易公平、保护消费者权益、参与社会治理等方面发挥着重要的作用。为贯彻落实党中央、国务院关于提高供给质量、加强全面质量管理、开展质量提升行动的系列决策部署和建设质量强国、制造强国的战略任务，2016 年国家质检总局、国家认监委、国家发改委等 32 个部委发布了《认证认可检验检测发展“十三五”规划》，明确提出“加快推进认证认可强国建设，整体上迈入世界先进国家行列”的发展目标。截至 2016 年底，全国各类认证认可检验检测机构共有 33622 家，较上年增加 7.02%，各机构共实现营业收入 2319.17 亿元，较上年增长 14.79%；认证认可检验检测科研投入共计 181.72 亿元，研发收入比达到 7.84%；全国认证认可检验检测机构共有 1061 家获得高新技术企业认定，占机构总数的 3.16%；认证认可检验检测全年共吸纳就业人口 111.6 万人，较上年增加 9.09%。统计数据表明，2016 年认证认可检验检测行业仍保持了较快发展，充分发挥了生产性服务业和高技术服务业的优势，在加强全面质量管理、提升产品质量和服务质量、扩大就业容量方面成效明显，成为“大众创业，万众创新”的重要平台，为经济社会发展做出了积极的贡献。

近年来，政府在质量管理中取得了一定的进步，但仍需继续完善政府质量管理体系，可从以下几方面入手：

1. 推行基础性工作

基础性工作是政府实施质量管理的基本前提，也是实现政府质量管理体系更加完善的必要准备。基础性工作主要是加强有关人员的质量意识，通过教育、培训等手段，使政府全体工作人员对质量具有充分的认识，只有充分认识质量管理的重要性，掌握质量管理的基本理论和技术，才能将这项工作贯穿于各项工作中，时刻推行政府质量管理。

2. 树立"顾客至上"原则

质量管理强调以顾客为中心，以满足顾客需求为原则，为顾客服务并最大限度满足顾客需求成为无论是企业还是政府质量管理的核心内容。政府应通过多渠道与公众进行沟通，了解公众对公共服务的需求和期望，在此基础上，制定政府质量管理目标。同时要及时向社会公开政府质量管理标准，保障消费者知情权，实现社会及公民对政府行为的监督。

3. 持续改进政府质量管理体系

经济在不断发展，居民对质量的要求也在不断变化，政府应根据实际情况逐渐改进、完善质量管理体系，以满足公众日益多样化和个性化的公共服务需求。

三、社会组织质量管理责任——监督作用

在质量管理责任体系中，生产者承担质量安全的主体责任，政府作为市场宏观调控的主体，在质量安全体系中的作用也无可替代，但作为质量管理体系中另一责任主体——消费者的作用也是非常重要的一环。消费者自我保护意识的增强以及消费者权益保护组织的兴起，对质量管理体系的逐渐完善具有重要意义。不仅推动法律体系中对产品安全归责方法的演变，也让企业的质量安全主体责任逐渐显现，同时也监督政府部门对质量管理体系的责任承担。

在我国，消费者的社会组织即中国消费者协会于 1984 年 12 月经国务院批准成立，是对商品和服务进行社会监督的保护消费者合法权益的

全国性社会组织。1998 年国务院发布施行的《社会团体登记管理条例》中将社会团体定义为“指中国公民自愿组成，为实现会员共同意愿，按照其章程开展活动的非营利性社会组织”。因此，消费者协会是由消费者出于自愿而组成，为了保护消费者在市场经济活动中免遭质量伤害，或者给予救济和援助而组成的一种非营利性的社会团体。

消费者协会一方面对生产者的生产经营行为进行有效的监督，督促企业向市场提供质量安全的产品。另一方面，也可以为受到质量伤害的消费者提供法律救济和其他方面的救助。在质量安全体系中，如果消费者的社会组织不能正常发挥其功能，或者不能为消费者所认同，成为其反映和投诉质量安全问题的有效途径，就会影响质量安全责任体系的有效运转。目前，全国县级以上消费者协会已达 3000 多个，其中省、自治区、直辖市 31 个。在农村乡镇、城市街道设立的消协分会，在村委会、居委会、行业管理部门、高等院校、厂矿企业中设立的监督站、联络站等各类基层网络组织达 15.6 万个，义务监督员、维权志愿者 10 万余名。中国消费者协会依据国家有关法律法规，对商品和服务进行社会监督，保护消费者的合法权益，引导消费者合理、科学消费，促进社会主义市场经济健康发展。其职能主要有：

（1）向消费者提供消费信息和咨询服务；

（2）参与有关行政部门对商品和服务的监督、检查；

（3）就有关消费者合法权益的问题，向有关行政部门反映、查询，提出建议；

（4）受理消费者的投诉，并对投诉事项进行调查、调解；

（5）投诉事项涉及商品和服务质量问题的，可以提请鉴定部门鉴定，鉴定部门应当告知鉴定结论；

（6）就损害消费者合法权益的行为，支持受损害的消费者提起诉讼；

（7）对损害消费者合法权益的行为，通过大众传播媒介予以揭露、批评。

消费者协会是联系消费者与企业、消费者与政府的桥梁。虽然消费者人数众多，但在遇到质量问题时，消费者会考虑维权多耗费成本和可获得赔偿的比例，如果得不偿失，消费者会选择放弃维权。因此，即使消费者有条件成为一个集体，采取集体行动维护权益，但在实际操作中，集体行动会存在很多困境。而单个消费者力量薄弱，在面对生产者的违法生产经营行为时，即使自身合法权益受到损害，也难以依靠自己的力量获得补偿。因此，就需要一个介于企业与生产者与消费者之间的社会组织，维护消费者的合法权益，为消费者维权提供服务。这就要求消费者协会应该是独立且中立的，由消费者自发组成。虽然消费者协会属于社会组织，但在《中华人民共和国消费者权益保护法》中明确规定了其组织性质，原中国消费者协会会长曹天玷对中国消费者协会的性质作出了精确的概括："中国消费者协会不同于一般民间团体，是有法定名称、法定性质、法定职能、法定行为规范的官办社会团体。"因此，消费者协会具有民间和官方双重性质。

消费者协会的经费来源主要有：政府资助、社会捐赠、在核准业务范围内开展的活动或服务的合法收入等。其业务主管单位是国家工商行政管理总局，登记注册机关是民政部，接受国家工商行政管理总局、民政部的业务指导和监督管理。这种"官办的社会团体"在同级工商行政管理局的领导下开展工作。

消费者协会成立的目的就在于维护消费者在质量安全上的合法权益，在各种类型的社会组织当中，消费者协会对于质量安全的保障应该最为积极。同样，消费者应该愿意并能够借助消费者协会对企业进行监督，约束其承担质量安全责任。我国将每年 3 月 15 日定为消费者权益保护日，设置"3. 15"标志，一是更有效地解决小额消费者权益争议，从而使消费者协会能更好地履行保护消费者合法权益的职能；二是对优质商品及服务的一种证明，便于消费者择优购买；三是通过使用便于识别的统一标识，帮助广大消费者正确选择商品和服务，行之有效地引导消费者科学、合理、安全、健康消费；四是有利于扶优限劣，增强企业竞争力。但是武汉大学质量发展战略研究院于 2012 年进行的宏观质量观测的实证数据显示，对于这种维护自身权益的消费者保护组织，竟有 32. 52% 的消费者不知道，对于消费者维权效果是否好的问题上（包括消费者组织的维权效果），认为好和很好的比例只占 8. 97%，所占比例非常小，认为一般的超过一半，占 50. 11%，认为不好和很不好的占 40. 92%。这些数据可以表明，我国消费者组织的影响力还很欠缺，消费者对于消费者协会维权效果的评价也相当低。而且在现实生活中，消费者普遍认为维权成本高，与维权后所获得的补偿不成正比。对于维权成本高的原因，程序复杂、途径不畅、耗时长以及起诉费用高都是主要原因。因此，消费者协会作为维护消费者权益的社会组织，应承担起自身义务，为消费者维权提供便利及指导。可从以下几方面入手：

1. 改进消费者协会机构设置

现阶段，消费者协会基本按照行政区划设置，同时又以各级工商行政管理局为业务主管，其经费、人员配置都经由工商行政管理局调拨、安排，在一定意义上存在浓厚的行政属性，并非由消费者自愿组织设立。而消费者协会作为消费者自愿设立的民间组织，应该摆脱对政府部门的依赖，保证其独立性和中立性。

2. 加强消费者的教育指导功能

现实生活中，消费者协会行使最频繁的只能是对假冒伪劣产品的揭露和打击。在每年的“3. 15”晚会上，都是对近一年所查处的违法产品的披露以及惩处。但维护消费者权益应首先增强消费者的自我保护意识，通过教育、引导，宣传消费者权利义务及自主保护意识，是消费者充分认识到维权的重要性，不仅要通过维权来保护自己的利益，也要通过公众的共同努力维护良好的市场竞争环境，严厉打击一切采用不法手段谋取利益的商家及生产者。

3. 为消费者维权给予经济、程序上的便利

目前，影响消费者主动维权的主要原因就是维权成本高，得不偿失，程序烦琐，消费者不熟悉相关程序等。因此，消费者协会一方面应在经济上给予救助，保障消费者合法权益；利益方面，应该设置专职部门，为消费者维权提供业务指导，简化相关程序。

第二节 国外质量管理借鉴

一、美国

美国是世界第一大经济体，不仅经济水平处于世界之首，其质量管理也代表着国际质量管理的最高水平，是国际质量管理的领先者。美国是质量管理的发源地，不管是“统计质量管理法”还是“全面质量管理法”都源于美国。自泰罗在科学管理体系中提出质量管理后，美国企业便逐渐开始重视质量管理的重要性。经过几百年的发展完善，美国的质量管理体系已经成熟，主要包括质量管理思想、质量管理组织制度和质量管理方法，形成独具特色的质量管理模式。目前，美国的质量管理体系主要有以下几个特点：

一是质量宏观管理体制被纳入国家体制，上升到宪政层面，在操作层面上是通过国会领导下的联邦贸易委员会（FTC）来实现；

二是立体式的政府宏观质量管理体制，既有自上而下的纵向监管，又有自下而上的横向自治，同时一般性监管与专业性监管相结合；

三是社会化监管发挥基础性作用，在质量宏观管理方面，很多行业协会、同业公会或消费者维权组织等非官方机构都承担了消费者权益保护工作，发挥着强大的社会救济功能，充分体现了市场机制对质量的持续改善作用；

四是经验主义的体制演进路径，质量宏观管理的制定者们倾向于将其体制和政策设计建立在那些已经尝试过、经受过历史检验的理念上。体制设计上的这种经验主义取向，使得美国的质量宏观管理体制的演变与发展的推动力都是自下而上的，由民间、市场或社会所驱动，而政府的作用则在于对民间诉求做出积极的回应，对民间在质量宏观管理上“先行先试”的成功经验予以总结、确认、提高并最终予以体制化。

（一）美国企业质量管理

目前，美国实行的是全面质量管理，是由费根鲍母于20世纪60年代提出的，主要内容是：企业全体员工及其有关部门同心协力，综合运用管理技术、专业和科学方法，经济地开发、研制、生产和销售用户满意的产品。美国企业的质量管理经历了三个阶段：早期主要依靠操作者的技术；其后主要依靠事后检验；目前则以预防为主。

首先，美国企业在质量管理中极度重视高层领导的质量责任，高层领导要进行系统的质量培训，增强质量管理意识，将质量管理纳入企业管理的重要战略层。同时在质量管理中要充分考虑企业员工与股东的利益，不以损害公司绩效单方面追求质量的提升。在大部分美国企业中，企业质量管理绩效与高管考核绩效直接挂钩，其工资、红利及奖金均和企业质量水平有关，占比甚至高达40%。

其次，质量管理专家和质量经理在企业质量管理中处于核心地位。由质量管理专家和质量经理对企业的质量水平负总责，通过协调、调度各部门人员，实现分工合作，职责清晰，当出现问题时，能迅速定位相关责任人，并及时采取有效措施进行补救。这种管理体制一方面提高质量管理效率，避免一头领导造成的业务积压；同时权责分明，防止出现互相推诿扯皮的现象发生。

除此之外，企业内还会设立专门的质量管理机构，如质量委员会等。这些机构主要负责企业质量的监督管理，同时专业检验检测发现问题，及时整改，避免质量问题的出现。

（二）美国政府质量管理

美国是一个市场自由竞争的联邦制国家，在19世纪后半叶，食品掺假事件频繁爆发与社会舆论予以揭发的“进步主义时代”，使得美国的质量管理发生了重大变革，美国政府颁布了一系列质检领域法律法规，进行了大刀阔斧的机构改革，设立了一批质量安全风险的专业监管机构。

（1）国家标准与技术研究院（NIST）。

美国国家标准与技术研究院（National Institute of Standards and Technology，NIST）直属美国商务部，从事物理、生物和工程方面的基础和应用研究，以及测量技术和测试方法方面的研究，提供标准、标准参考数据及有关服务。主要任务是：1）建立国家计量基准与标准；2）发展为工业和国防服务的测试技术；3）研制与销售标准服务；4）提供计量检定和校准服务；5）参加标准化技术委员会制定标准；6）进行技术转让，帮助中小型企业开发新产品；此外还承担防火、抗地震技术及应用计算技术等研究工作。

（2）动植物卫生检验局（APHIS）。

动植物卫生检验局是美国农业部（USDA）的一个下属机构，负责监督和处理可能发生在农业方面的生物恐怖活动，外来物种入侵、外来动植物疫病传入、野生动物及家畜疾病监控等，从而保护公共健康和美国农业及自然资源的安全。同时也负责改进农业的生产率和竞争力为美国的国民经济和公共健康做贡献。

（3）食品安全检验局（FSIS）。

食品安全检验局（Food Safety and Inspection Service）是美国农业部下属负责公众健康的机构，主要负责保证美国国内生产和进口消费的肉类、禽肉及蛋类产品供给的安全、有益，标签、标示真实，包装适当。

（4）食品药品管理局（FDA）。

美国食品药品管理局（U. S. Food and Drug Administration）为直属美国健康及人类服务部管辖的联邦政府机构，其主要职能为负责对美国国内生产及进口的食品、膳食补充剂、药品、疫苗、生物医药制剂、血液制剂、医学设备、放射性设备、兽药和化妆品进行监督管理，同时也负责执行公共健康法案（the Public Health Service Act）的第361号条款，包括公共卫生条件及洲际旅行和运输的检查、对于诸多产品中可能存在的疾病的控制，等等。

（5）消费品安全委员会（CPSC）。

美国消费品安全委员会（Consumer Product Safety Commission）是美国联邦政府的机构之一，直属美国总统管辖，进行美国境内自制或进口销售产品的品质安检工作，主要职责是对消费产品使用的安全性制定标准和法规并监督执行。现有的目录上管理着15000种不同的产品，CPSC规则是收集产品的安全数据、提示客户产品的危险性以及降低危害的途径。

（6）环境保护局（EPA）。

美国国家环境保护局（The Environmental Protection Agency）成立于1970年7月，是美国联邦政府的一个独立行政机构。其任务为人类提供更清洁和健康的自然环境，制订战略计划，年度报告和政策方针。总部设在华盛顿，全国有18000名员工，其中一半以上的工程师，科学家和政策分析家受过高等教育和专业的技术培训。而且大部分员工是法律、公共事物、财政、信息管理和计算机等方面的专家。EPA的行政长官直接由美国总统任命。EPA负责对各种各样的环境计划进行调查并制订国家标准，并代表各州和各部门颁发相关执照，监控并加强一致性。如果没有达到国家标准，EPA可签发批准通过采取其他措施帮助州和地方来达到环境标准所要求的水平。同样，EPA在各地的办事处与其他行业组织和各级政府一起进行各种不同的自愿的防止污染计划和能源的保持工作。EPA 的主要工作：制定标准并监控强制性标准的执行和符合情况；提供财政援助。EPA 对州、非营利机构和教育机构的高质量的研究项目提供财政援助；对自然环境项目进行研究；赞助自愿组织和项目。

（三）美国社会组织质量管理

消费者组织是伴随着消费者运动而产生的。19 世纪末和 20 世纪初的美国，由自由竞争资本主义向垄断资本主义时期过渡，垄断资本家垄断了各种消费品的生产和销售以攫取高额垄断利润。法制的不完善使得消费者利益得不到应有的保护。消费者基于对自身权利维护的愿望，组织了自发的消费者的运动，逐渐发展成为有组织消费者运动。到 1891 年，纽约市成立世界上第一个保护消费者利益组织，到了 1903 年，该组织在全国拥有 64 个分支。

经过多年的发展，美国保护消费者权益非官方的民间组织已经形成消费者利益委员会、消费者联盟、消费者联合会三足鼎立的格局。（1）消费者利益委员会美国消费者在家庭经济学方面最有影响的学术组织，其宗旨是努力为消费者问题和家庭经济学的发展提供一个交流信息的论坛，以改善广大消费者的福利。（2）消费者联盟设立于 1936 年，是美国最早设立的消费者权益保护组织，主要对产品进行比较检测，公布结果；向消费者提供消费品的客观情报；通过发行杂志、书籍、联合管理报栏、电视节目等指导消费，具有民间化特点，是非营利性组织，独立于政府之外。（3）消费者联合会属于非营利性组织，主要为消费者提供有关消费品和劳务的资料和建议，为家庭各种开支事宜提供资料和帮助；推动并协调个人和团体为创造和保持像样的生活标准而做的努力。由此可见，这三个机构均为民间机构，在解决消费纠纷时，往往采取媒体曝光的方式。其主要工作就是研究消费者利益方面的法律法规，受理消费者投诉，开展相关教育，向消费者提供可靠的消费品信息，对商品进行检验并在相关刊物上公布用以指导消费者，督促生产经营者改进产品的质量代表消费者向法院提起诉讼。

除此之外，消费品安全协会（Consumer Product Safety Committee，CPSC）也是美国一个重要的消费者权益保护机构，成立于 1972 年，它的责任是保护广大消费者的利益，通过减少消费品存在的伤害及死亡的危险来维护人身及家庭安全。CPSC 的主要功能表现为：制定生产者自律标准，对于那些没有标准可依的消费品，制定强制性标准或禁令。对具有潜在危险的产品执行检查，通过各种渠道包括媒体、州、当地政府、个人团体组织等将意见反馈给消费者。CPSC 现在负责对超过 15000 种消费品的安全监控。

另外，美国的劳工联盟、广告媒体、合作社和消费者俱乐部、公共利益研究会、地区性的公用事业消费者组织等在消费者保护方面也发挥着巨大的作用。

二、日本

20 世纪 60 年代末，是日本经济高速发展的时期，并于 80 年代跻身于世界经济强国的行列。短短的 20 年之内，日本在经济发展方面的突飞猛进，主要依赖于日本先进、科学的质量宏观管理体制以及其赖以成立并发展的体制环境，维护消费者权益成为日本的政治价值取向，宏观质量管理体制与其经济体制和经济的发展程度相适应，与中产阶级社会结构相适应，注重质量宏观管理中科技因素的导入。

（一）日本企业质量管理

一个企业要想长远发展，就必须将质量管理放在企业管理的战略性高度。日本的百年企业在全球居于首位。据拥有亚洲最大企业资信数据库的日本帝国数据银行（TDB）统计，截至 2010 年 8 月，日本的百年企业共 22219 家，创业超过 1000 年历史的企业有 7 家，超过 500 年的有 39 家，超过 300 年的有 605 家。日本的寺庙建筑公司“金刚组”是世界现存的最古老企业，创办于公元 578 年，衣钵相传至今已四十余代。普华永道的统计表明，创业史超 100 年的家族企业，欧洲大约有 6000 家，美国有 800 家，日本则有 30000 多家。位于欧洲的国际联谊组织 Henokiens 协会，只有创业史超过 200 年的家族企业才能加入，在目前约 40 家的入会企业中，有 5 家系日本企业。此外，韩国央行 2008 年曾发布过一份调查报告《日本企业长寿的秘密及启示》。这份报告称，全世界创业 200 年以上的企业共 5586 家，其中日本多达 3146 家，占了近 60%，远多于排第二位的德国（837 家）。种种数据表明，日本企业的持续发展是世界级典范，之所以日本存在这么多长寿企业，也正是因为日本企业成功的质量管理模式。

多年来，日本企业始终坚持 PDCA 循环管理。这个理论是美国人发明的，在日本质量管理中发扬光大。PDCA 即计划、工作、检查、解决问题的循环过程，也是全面质量管理所遵循的科学程序，全面质量管理就是质量计划的制订和组织实现的过程，这个过程就是按照 PDCA 循环进行的。通过组织计划、实现、检查、纠偏等一系列循环，在企业生产过程中不断完善产品质量，加强产品的创新，保证企业长久发展。

日本在 1950 年引进美国统计质量控制方法后，就在实践中逐渐展开并加以应用。在应用过程中，逐渐形成一套有效的质量工具和方法，并逐渐进行改善。美国人曾赞叹："改善"是日本企业成功的关键，即全体人员自发开展的持续性的、小的、渐进性的改进，要尽可能不产生费用。例如：作业供需改善、机器设备改善等。在不断改善中提高产品质量。日本企业的质量管理不仅依靠质量管理部门，还号召全体人员参加。原来由特定的专家所处理的企业业务，现在由企业中的全体人员在各自工作岗位上积极实行。

最后，企业始终贯彻"以人为本"的管理理念。企业的管理者充分尊重员工在生产经营活动中的贡献以及主体地位，让每个员工都感受到自身的主体意识得到了充分的尊重与肯定。增强员工在企业中的地位及主人公意识，从而提高员工的工作积极性和工作效率。通过企业工会、终身雇佣制及年功序列工资制这三大企业质量管理支柱，保障员工参与企业管理的合理利益，充分体现了"以人为本"的管理理念。在这种理念下，员工具有较强的企业归属感，并能在长期的工作中逐渐构建适合自己的工作体系，并将其运用到工作中，既能保障工作效率，也为企业的长远发展提供了保障。

（二）日本政府质量管理

20 世纪 50 年代是日本的政府质量管理发展完善的关键时期。一方面，由于 1955 年加入关税及贸易总协定（GATT）后，日本承受着国际竞争压力；另一方面，日本战后经济转型，从农业、轻工业向重化工业的转化中推行了"产业合理化运动"将质量提升到与产业结构调整并重高度。由此日本形成了政府主导、多方参与的质检体系，既符合国情又独具本国特色，并成功地实现了经济振兴。日本政府负责质量宏观管理的主要政府机构包括消费者保护委员会、经济产业省、厚生省、农林水产省等。按其监管范围和机构性质的不同又分为综合性质量监管机构、部门性质量监管机构和准政府质量监管机构等。

（1）消费者保护委员会。

消费者保护委员会成立于1969年，专门负责保护消费者权益的最高行政机关，内阁府附属机构，由内阁总理大臣任会长，委员由经济企划省、通产省、厚生省等18名内阁官厅的部门首长组成负责政策制定。

（2）经济产业省。

经济产业省是隶属日本中央政府的直属省厅，前身是通商产业省（简称通产省），成立于1949年5月。2001年（平成13年）1月6日日本中央省厅改革之后，被改名为经济产业省。根据经济产业省设置法第3条的规定经济产业省的主要任务是负责提高民间经济活力，使对外经济关系顺利发展，确保经济与产业得到发展，使矿物资源及能源的供应稳定充足。经济产业省不仅直接或通过政府及国会制订产业合理化的法令、法规政令、省令和计划，而且在具体实施时具有很大的权力。重点行业由经济产业省指定，重点企业须经经济产业省严格审查后方可确定，而一旦被定为重点，就可从各个方面得到经济产业省的支持，如技术设备的长期低息贷款，外资的引进，外汇的调拨使用，等等。经济产业省虽然有如此重要的地位，但在推行产业合理化政策过程中全面领导实施产业合理化政策的最高权力机关却是内阁即日本政府，经济产业省只是具体领导实施这一政策的最主要行政部门。

（3）厚生省。

厚生省，原日本政府部门之一，最早设置于1938年，2001年已与劳动省合并，并改组为厚生劳动省，隶属日本中央省厅的部门。厚生劳动省是日本负责医疗卫生和社会保障的主要部门，厚生劳动省设有11个局，主要负责日本的国民健康、医疗保险、医疗服务提供、药品和食品安全、社会保险和社会保障、劳动就业、弱势群体社会救助等职责，以及7个部门，在卫生领域，其涵盖了我们的卫生部、食品药品监管局、国家发改委的医疗服务和药品价格管理、劳动与社会保障部的医疗保险、民政部的医疗救助、国家质检总局的国境卫生检疫等部门的相关职能。这样的职能设置，可以使主管部门能够通盘考虑卫生系统的供需双方、筹资水平和费用控制、投资与成本等各方面的情况，形成整体方案。

（4）农林水产省。

农林水产省简称农水省，隶属日本中央省厅。主管农业、林业、水产行业行政事务。其下属机构及各机构主要职责包括：

1）大臣官房：省内综合调整；

2）综合食料局：监管国内外的食物政策、食品物价稳定调整、米的生产调整；

3）消费安全局：监管保护食品消费者、农林水产物的生产过程的风险管理；

4）生产局：监管农畜产物的生产和管理；

5）经营局：监管改善农协、农业构造、农业者公积金等；

6）农村振兴局：振兴农村、渔村、都市农业、确保水土得到农业利用、都市农村间的交流、农业关联资本整备等。

（5）国民生活中心。

国民生活中心于1970年设置，是日本政府的消费者政策研究机关，负责消费者问题调查研究、数据处理及商品检验、检查等业务。

（6）食品安全委员会。

日本内阁府食品安全委员会于2003年7月1日正式成立。属于单独的上层监督机构，统一负责风险评估机构。主要负责对食品添加剂、农药、肥料、食品容器，以及包括转基因食品和保健食品等在内的所有食品的安全性进行科学分析、检验，实施风险评估，根据风险评估结果指导农林水产省和厚生劳动省等有关部门采取必要的安全对策，监督实施情况。

（三）日本社会组织质量管理

"二战"之后，日本战败，国内经济出现了较大波动。生活物资缺乏，价格昂贵且质量低劣。当时，作为生活必需品的火柴根本擦不着，无法使用，深受其害的家庭妇女于1948年9月自发召开"清除劣质火柴大会"，成立了日本妇女协会，这标志着日本消费者运动开始。20世纪50～60年代，伴随着日本经济的高速发展，一些严重损害消费者利益的事件频频发生。面对一系列重大消费者受害案件的发生，日本消费者要求产品质量安全的呼声越来越高。进入 70 年代以后，日本消费者运动目标进一步扩大，除了食品及日用消费品的卫生和安全问题外，在实现公平交易，制止不正当营销手段，取缔不公平交易习惯等方面也提出了更高的要求。在日本的消费者运动中，消费者组织发挥了极其重要的作用。迄今为止，全国性的消费者团体有 29 个，各种民间性消费者团体近 4000 个。其中影响力最大的是 1961 年成立的日本消费者协会。在日本国内有 14 个分支机构，属财团法人性质。其工作范围是：开展有关消费者问题的调查研究，对商品进行比较试验，定期向社会公布消费情报，开展消费者培训，进行商品测试，处理消费者意见，为广大消费者提供良好的服务和支持。作为中介向官方和企业反映消费者要求的中介途径，出版相关刊物，对于问题商品及时通报官方，督促和指导企业采取适当的措施进行改进。日本消费者运动的成果也不断得到来自政府方面的承认。

三、欧盟

欧洲联盟（简称欧盟），是一个集 28 个成员国的政治和经济共同体，自 1993 年欧盟正式成立后，一直在推进建立欧盟内自由贸易的“单一市场”在政治制度上也逐渐建立起超国家层面有力的统一管理。欧盟的质量管理起步于 20 世纪 70 年代末，当时《罗马条约》已生效十年，成员国间的内部关税基本消除并且实行了统一的对外关税。但《罗马条约》并没有就消除关税壁垒上做进一步的协调和统一，这为之后的技术性贸易壁垒的产生留下了隐患。随着问题的出现，各国逐渐意识到质量管理的重要性，通过有关产品质量管理的法律体系的建立，逐渐形成独具特色的质量管理体系。如从战略层面推动保护消费者安全，颁布的质量管理相关法律非常强调产品安全和产品责任，非常重视抢占国际标准化制高点，设立顾客导向的欧洲质量奖，应用范围广泛的欧盟顾客满意指数等。自 20 世纪 70 年代起，欧盟陆续修订了《通用食品法》《食品卫生法》等 20 多部食品安全方面的法规，形成了强大的法律体系。欧盟还制定了一系列食品安全规范要求，主要内容包括动植物疾病控制、药物残留控制、食品生产卫生规范、进出口食品准入控制等。此外，由多部门联合监管模式向独立监管模式转换，建立食品安全信用体系，健全技术标准体系，让市场在食品安全监管中扮演执行者角色，注重信息交流。

欧盟在质量管理中的主要部门包括：

（一）欧盟食品安全管理局（EFSA）

欧盟食品安全管理局成立于2002年，2005年该局总部在意大利北部城市帕尔马正式挂牌，之前一直临时在布鲁塞尔办公。该机构的主要职责是向欧盟委员会和欧洲议会等欧盟决策机构就食品安全风险提供独立、科学的评估和建议，负责向欧盟委员会提出一切与食品安全有关的科学意见，以及向民众提供食品安全方面的科学信息等。

（二）欧盟药物管理局（EMA）

欧盟药物管理局（European Medicines Agency）在欧盟、制药工业和会员国的赞助下，于1995年成立，目的是协调会员国间国家级的药物检验单位，以节省新药在引进欧洲的过程中，会员国间重复审查的费用，并消弭在新药引进过程中，个别国家中的保护政策。下辖各司及其职责为：

（1）人类用药发展与检验司：该司包括人类用药专门处、安全与药效处和药物质量处，负责所有有关人类各种用药由开发到整个产品生命周期的各种活动。主要职责为负责协助专家委员会孤儿药组、小儿用药组和人类药物组内工作团和科学顾问团的工作。此外，还参加欧洲和国际的公共卫生计划、提供相关新兴科学的顾问工作和协助中小企业的服务。

（2）药物安全司：该司包括执行与检查处、医药信息处、药物安全检查和安全分析与规范程序与委员会协助处，主要负责欧盟地区药品安全监视和风险评估，集中管理药品认可与核定。其主要任务是提供有关人类用药法规与法定程序给其他行政单位、专家委员会的工作小组，特别是人类药物组、草药组和尖端疗法组和负责审核提供给病患和医护人员的产品信息。药物安全司的主要工作是协调各国优良实行和药物安全监视的工作：借由该局的欧洲药物规范系统网管理瑕疵和伪造药品、协助临床试验的执行与核发药品认可和专授权。

（3）畜用药物和产品数据管理司：该司包括数据管理处和畜用药

品处，负责动物用药的药性管理和科学行政数据。主要工作有开发畜用药物、管理畜用药物支持组织、动物卫生、畜用产品与应用业务、产品数据管理和文献数据服务。

（4）信息公关司：该司提供高质量的信息交流软硬件服务，开发适用于欧洲规范网、药品制造业、医护人员和社会大众之间的远距交流方法，确保 EMA 有效地沟通内外部各单位，以达成该局的工作目标。

（三）欧洲药品评价局（EMEA）

欧洲药品评价局（European Agency for the Evaluation of Medicinal Products）是欧洲官方药管机构之一，其主要职能就是负责药品（制剂）上市核准程序，具体包括：欧洲药典委员会的技术秘书处提供技术支持；负责欧洲药典及相关产品的出版与发行；负责化学药物标准品和生物制品标准品的制备与销售；负责对欧洲药典各论的适用性认证；负责构建欧洲官方药品检验实验室网络，承担生物制品批签发与上市药品的监督任务。

（四）欧委会健康与消费者保护总司（DG-SANCO）

欧委会健康与消费者保护总司（DG-SANCO）是欧盟委员会下属具体负责欧盟食品安全法规、政策执行和协调的机构。主要通过保证欧盟食品安全，确保消费者权益，保障公众健康；同时，保护农畜产品的健康和福利；负责相关法律议案的提议、听证，法律的执行，条款的保护及欧盟保护措施的管理。

除此之外，还有欧盟委员会企业和工业总司、欧洲疾病预防控制中心、欧盟委员会环境总司、健康与消费者执行机构、欧盟食品与兽药办公室等都是欧盟质量管理体系中的重要责任主体。各成员国之间相互协调、共同治理，形成了较为系统的质量管理体系。

第三节 山西质量管理能力建设

能力建设是质量发展的基础。山西上下紧紧围绕质量强省战略，加快推进技术创新、制度创新、管理创新，狠抓专项整治、风险管理、诚信建设等重要节点，不断推进质量发展能力建设。

一、注重基础建设，技术支撑有了新突破

标准、计量、认证认可和检验检测是国际公认的质量基础，是保障国民经济运行的科技支撑。为充分发挥计量、标准化、认证认可、检验检测的技术支撑作用，山西省加大技术创新力度，不断推进技术基础能力建设。

（一）标准化引领成效显现

标准化是组织现代化生产的重要手段和必要条件，是提高产品质量保证安全的技术保证。为进一步突出标准引领，山西省建立了由省政府分管领导为组长、59 个部门负责同志为成员的山西标准化工作领导小组，召开了领导小组第一次全体会议，并将参会范围扩大到 11 个地市的分管领导，明确了今后一个时期标准化工作的目标和重点任务，初步形成了省市县层级推进、各部门密切配合的工作格局，标准化工作合力明显加强。山西省先后印发了《关于进一步推进标准化工作改革发展的实施意见》《山西省标准化体系建设发展规划（2016～2020 年）》《关于加强节能标准化工作的实施意见》等一系列政策文件，制定了《地方标准管理办法》《省级专业标准化技术委员会管理办法》《省级标准化试点示范项目管理办法》《团体标准培育发展指导办法》等规范性文件，构建了标准引领的政策支撑体系，加强了标准化工作制度建设。省政府制定了《山西推进标准化改革发展 2016 年行动计划》，重点开展了强制性标准整合精简、推荐性标准集中复审、标准化技术委员会筹建等专项工作。

山西省进一步强化了标准化在科技创新、产业升级中的引领支撑作用，着力加强了煤及煤化工、冶金、电力、建材、装备制造、文化旅游、特色食品加工等优势产业的标准化工作，加强了节能环保、生物医药、信息网络、研发设计和新能源、新材料等战略性新兴产业标准研发，严格执行了节能减排、公共安全、环境保护等重点领域的强制性标准，有效维护安全、促进发展。截至目前，山西省共完成“国家级农业标准化试点示范项目”117 个，“省级农业标准化试点示范项目”106

个，“国家级服务业标准化试点”31个，获批建设“国家级社会管理和公共服务标准化试点项目”12个。从2015年至今，共制定现代农业、文化旅游、养老服务和社会治理等方面地方标准220项，标准化试点示范作用显著增强，辐射带动能力不断扩大，为山西省经济社会发展发挥了重要的支撑引领作用。

（二）计量技术基础不断务实

计量是控制质量、提升质量、创造更高质量的基础，计量贯穿于企业生产经营活动的各个环节，是保障经济正常运转的技术手段。在强化计量支撑方面，省政府出台了《关于计量发展规划（2013~2020年）的实施意见》，确立了山西计量工作中长期发展的目标任务和路径措施，从组织领导、投入力度、科技创新、考核监督四个层面入手，加强山西计量技术机构的规划和建设，把计量工作切实纳入国民经济和社会发展总体规划。目前，山西省已经理顺省、市、县三级计量技术机构的职能，省级法定计量检定机构重在强化学科能力，重点建设先导性、全局性、战略性计量标准；市级法定计量检定机构重在强化本区域量传能力和强制检定能力，重点建设特色性、区域性、优势性计量标准；县级法定计量检定机构重在强化满足县域经济发展和强制检定需要，重点建设便民性、基础性计量标准。省、市、县三级通过各有侧重的开展计量能力建设，山西量传溯源体系支撑能力进一步提升。

山西积极开展诚信计量自我承诺活动，为1053家中小学校、社区乡镇提供免费计量服务。集中组织开展电子计价秤专项整治工作，对油漆、涂料、汽车用润滑油、食用油、包装饮用水、调味料、熟肉制品、小食品8类定量包装商品进行国家计量监督专项抽查，净化了市场环境，服务了群众生活，促进了安全生产。同时，山西不断加大财政投入力度，加强计量检定机构基础设施建设，加快现有计量标准信息化改造，加快淘汰陈旧落后不符合新计量检定规程的设备，全面提升计量服务和保障能力。重点推进了国家城市能源计量中心（山西）的建设进度以及能源计量数据采集、分析和应用。全面完成了重点用能单位能源计量审计工作，确保审查质量，有效服务企业节能减排，进一步推进了测量管理体系认证和中小企业计量检测保证能力评定工作。

山西积极推动高等院校、科研院所的技术和项目合作，努力构建以计量前沿科研为主体、计量科研创新发展为手段、服务产业技术创新为重点的“检学研”相结合的计量技术创新体系。依托太原重型机械集团有限公司，整合相关科研院所、高等院校、企（事）业单位的相关资源，建设国家级重型装备制造产业计量检测中心，为山西省轨道交通装备、煤层气装备、煤机装备等提供计量检定、校准及测试服务。依托省计量科学研究院，利用社会资源，建立国家级通风机产业计量测试中心，为其研发、设计、生产等环节提供全寿命周期的计量检测服务。

（三）认证认可体系日益完善

认证认可作为一种由具有较强专业能力的机构依据相关法规、标准或技术规范所进行的符合性评定活动，认证认可为企业及其他组织提高管理水平，改善产品、服务质量提供了一条重要途径。加强认证认可有利于促进市场交易，降低交易成本，有利于提高政府管理经济社会的能力和效率。2015 年，山西省认证认可服务领域进一步拓宽，质量、环境、职业健康安全等管理体系认证逐步推进，危害分析和关键控制点管理进一步推行，HACCP、GAP 认证和有机产品、节能减排、绿色环保等产品认证步伐加快。认证认可监管模式不断改进。运用“双随机”的方式着力开展认证认可监管工作，深入推行省局指导、属地监管、分级负责的监管机制，持续提升认证监管能力和服务水平。省公安厅、省质监局联合推进山西省公安机关刑事技术机构省级资质认定工作，全面提升公安机关刑事技术的鉴定能力和水平，为公安机关提供更加有力的技术支撑。对儿童自行车、婴儿学步车等童车类强制性认证获证产品进行了专项市场监督抽查，有效地发挥了 CCC 认证监管对产品质量安全的监督保障作用。对管理体系认证进行了监督检查，进一步规范了自愿性认证市场秩序。连续三年开展了检验检测机构能力验证活动，对疾病预防、煤炭、环境、地质等行业的 70 余家检验检测机构开展了能力验证活动，提升了检验检测机构技术水平。

（四）检验检测能力不断增强

检验检测是质量发展的重要基础，是国家确定的“高技术服务业、生产性服务业和科技服务业”，是维护社会公平、保护环境、保护人类和动植物生命健康、促进技术进步和生产发展以及维护民生的重要支撑。近年来，山西省以现有检验检测技术机构为依托，不断加强和拓展检验检测公共技术服务平台建设，初步形成了以省级检验检测研究院和国家质检中心为主体、以市级检验检测所和省级质检中心为基础、以县级检验检测所和授权机构为补充的检验检测体系。不断加大对检验检测机构的投入力度，继投入1.6亿元建设国家煤矿安全计量器具产品质检中心后，又投入2亿元新建质监综合检验检测中心。新设县级食品药品检验机构71个，投资设备1.8亿元。352个技术机构通过国家实验室认证，632个技术机构通过省级计量认证。同时，加快国家质检总局已经批准筹建的国家煤层气产品质量监督检验中心（山西）、国家玻璃器皿产品质量监督检验中心（山西）、国家不锈钢及制品质量监督检验中心（山西）、国家硅铝质耐火材料质量监督检验中心（山西）、国家煤基合成油产品质量监督检验中心（山西）5个国家质检中心的筹建步伐，逐步构建起覆盖区域，满足山西经济社会发展需求的检验检测公共技术服务平台。

二、立足制度创新，质量管理迈上新台阶

管理是质量发展的重要基础。山西省以建设质量强省为目标，紧抓质量宏观管理体系构建和企业质量过程控制，大力推进名牌名品战略，不断提升质量管理能力。

（一）质量宏观管理架构初步形成

宏观质量管理关乎经济振兴，关乎国运民生。近年来，省政府出台了《关于质量发展纲要（2011～2020年）的实施意见》，健全了地方政府负总责、监管部门各负其责、企业是第一责任人的质量安全责任体系，形成了政府监管、市场调节、企业主体、行业自律、社会参与的工作格局。编制完成了《山西省“十三五”质量发展规划》，主动对接了山西省“十三五”经济社会发展规划，有效地融入了山西省经济社会发展建设中。每年定期出台山西省贯彻实施质量发展纲要行动计划，有效地推进了质量发展工作。2015年，省政府共取消、下放和调整行政审批项目548项，省直各部门确定权力清单、责任清单共3090项，实行“三证合一”登记制度，企业办理证照时限由近30个工作日缩短至

3~5个工作日，着力构建“放、管、治”的质量管理新体系。建立了质量准入退出、缺陷产品和不安全食品召回制度，进一步严格产品质量统计和宏观质量状况分析报告制度。政府质量综合管理和质量安全保障能力投入持续加大，行政资源得到合理配置，质量工作基础建设进一步强化，质量监管部门的履职能力进一步提升，山西省质量宏观管理能力显著提升。

（二）企业质量过程控制日益强化

推动企业落实产品质量主体责任，是当前质监部门实施质量监管的重要思路和基本落脚点。山西省通过简政放权、减轻企业负担、加强事中事后监管等措施，激发企业重视质量的内在活力，将提高质量贯穿到企业的生产经营活动中去，成为企业的自觉行动，形成了山西省质量工作的新亮点。同时，加大政策支持力度，鼓励企业采用先进管理制度和先进标准，引导企业牢固树立“质量第一”的核心理念，建立集研发、生产、营销、售后服务为一体的质量管理体系。积极推行《卓越绩效评价准则》、ISO9000标准、零缺陷、6σ等先进的质量管理标准和现代质量管理方法，支持开展QC小组（质量管理小组）、“五小”（小建议、小革新、小攻关、小发明、小创造）、质量信得过班组等活动，提升企业质量管理水平。积极探索在装备、冶金、煤炭、化工、电力等支柱产业开展质量可靠性整体解决平台（TSQ）、质量和效益提升模式（QMP）等方法的推广和应用，面向“专精特新”中小企业开展“质量专家中小企业行”等活动。实施了企业产品和服务标准自我声明公开和监督制度。以装备制造业为重点，选树先进标杆企业，开展对标管理。开展旅游服务质量标杆单位遴选活动。

（三）名牌名品战略持续推进

实施名牌名品战略是宏观质量管理工作的重心，山西省坚持以质量提升推动品牌建设，充分发挥企业品牌建设的主体作用，完善质量品牌的公共服务体系，大力开展品牌价值提升与品牌建设研究，提出17项措施推进知名品牌创建，实施工业品牌培育工程，扩大质量品牌范围和影响力。开展了“山西品牌中华行”活动，以产业集中发展区、高新技术产业区、旅游区等为重点，积极开展全国知名品牌创建工作，进一步加大对创建区的指导和扶持力度。截至目前，山西省共有中国名牌产品16个，山西省名牌产品440个，国家地理标志保护产品17个，国家地理标志证明商标29件，中国驰名商标85件，山西省著名商标1051件，国家级循环经济标准化示范市4个、国家有机产品认证示范县2个、全国知名品牌示范区6个；37项重点工程获国家“鲁班奖”，451项工程获省“汾水杯”优质工程；创建国家级商业示范社区11个，中华老字号企业27家，中国连锁百强企业2个。

三、严守安全底线，监管强度达到新高度

质量安全是新时期质量发展的底线。山西省始终把质量安全监管摆在重中之重的位置，不断完善监管体制机制，紧抓风险管理、专项整治、诚信建设等关键环节，努力为经济社会发展创造公平竞争、秩序良好的质量安全环境。

（一）监管机制不断完善

山西省建立了质量安全明察暗访和举报奖励制度，拓宽了信息来源渠道，实现了信息共享。在实践中，以食品和特种设备质量安全为突破口，积极开展风险监测，不断积累经验，逐步在消费品及其他涉及安全的产品领域全面开展质量安全风险监测。农业、工商、食药监等部门分别与公检法机关建立了打击质量违法犯罪行为执法联动和司法衔接机制，对重大案件挂牌督办。在省财政资金极其困难的情况下，拨出专项资金进行平台建设，于2015年10月建成山西省打击侵权假冒行政执法与刑事司法衔接信息共享平台。山西省11个市全部设立了农产品质量安全监管机构，115个涉农县中有81个县由编制部门正式批复设立了监管机构，其余34个县也成立了内设机构。山西1265个涉农乡镇共建成乡镇农产品质量安全监管机构1086个，基本做到了全覆盖。

（二）重点领域专项整治有序开展

突出重点行业、重点领域，坚决防范和遏制质量安全事故。各相关部门组织开展了一系列专项整治行动。工商部门集中力量对家用电子电器、服装鞋帽用品、家具和装饰装修材料等商品开展了专项执法检查和

重点整治，对流通领域商品质量开展了抽查检验。围绕山西工商系统打击侵犯知识产权和制售假冒伪劣商品工作，开展了“红盾网剑”专项行动、农资打假专项行动、保护“迪士尼”注册商标专用权专项行动、中国制造海外形象维护“清风”专项行动、“防霾产品”专项整治等十项重点工作任务；农业部门坚持以问题为导向，突出抓好关键环节，在种植业重点抓禁限用高毒农药使用和农药残留超标专项整治，在畜牧业重点抓“瘦肉精”、生鲜乳收购运输、兽用抗菌药物非法使用、畜禽屠宰等专项整治；2015 年全年累计出动执法人员 6.4 万多人次，检查生产经营企业 3.2 万多家次，查处问题 695 起，责令整治 618 起，立案 260 件，结案 239 件，涉及金额 123.52 万元，取得了明显的成效。质检部门开展了“质监利剑”和“双打”专项打假行动、“红盾质量维权”行动。卫计部门开展医疗器械专项整治活动。食药部门深化食品药品重点领域专项整治，严打行业潜规则。开展涉假重点区域食品安全专项整治。

（三）日常监管不断加强

在产品质量监管方面，制定了《消费品质量提升专项行动工作方案》，加大消费品质量监督抽查力度，对 4090 批次的消费品和重要工业产品进行了监督抽查，抽查合格率稳中有升。在工程质量监管方面，建立了建筑工程质量管理制度体系，在全国率先实行了工程质量终身负责制；组织开展山西省工程质量治理两年行动及建筑施工安全生产监督执法督查，新开工建筑工程质量监督率达 100%。在服务质量监管方面，制定实施了一系列行业监管具体措施，努力提升服务业质量水平；建立了旅游市场综合监管与联合执法工作机制和旅游质量信息通报、申诉汇总分析制度；山西省服务质量明显提升，社会满意度不断提高。

（四）风险管理能力不断提升

先后建立了食品、农产品、消费品等质量安全风险监测制度，及时发现、研判、预警、处置质量安全风险，积极防范质量安全事故。质量安全风险快速处置能力逐步提升。建立了质量安全风险快速处置制度，完善了风险管理工作体系。制定了统一的风险应急预案，提高了风险快速处置的科学性、有效性和及时性。针对已发出预警的系统性质量安全风险，根据风险程度和范围迅速启动应急机制，采取针对性措施，把问题解决在萌芽状态。在食品安全方面，制定了《山西省食品安全风险监测质量管理方案》，建立食源性疾病监测报告体系，设立食源性疾病病例信息监测哨点的医院为130个，实现县市全覆盖。在农产品方面，针对全国各地及山西省例行监测中部分品种农药残留超标率较高的现状，2016年上半年，开展了芹菜、韭菜两种重点产品的专项监督抽查，对110个芹菜样品45种农药指标进行了检测，对山西11个市蔬菜生产基地、批发市场和超市的韭菜进行了专项监测，共抽取样品110个，检测农药种类45种。

（五）质量诚信体系逐步完善

2016年，省政府召开了两次全省社会信用体系建设工作电视电话会议，推动山西加快信用建设。建立了山西省社会信用体系建设联席会议制度，围绕信用信息记录建设、信用信息归集共享、信用服务产品推广应用等方面出台了一系列规章制度。省经济信息中心编制了部分政务信用信息目录，积极制定《山西省信用信息共享平台标准规范》以及《山西省企业信用综合评价规范》等地方标准。省信用信息共享平台项目覆盖省级政府部门、11市及119个县区，实现跨地区、跨部门信用信息的采集、交换、归集与共享，归集信用信息191万条，实现了与国家平台和“信用中国”网的全面对接。制定出台了《山西省市场主体信用信息归集规范（试行）》，推进了市场主体信用信息的交换共享，全面归集、整合、发布政府及有关部门有关市场主体登记、行政许可、行政处罚等信息，实现“一处违法、处处受限”的守信激励、失信惩戒和协同监管。

（六）投诉申诉机制不断完善

工商、质监、食药监、商务、住建、旅游等相关部门全部建立了覆盖山西的质量投诉申诉网络平台，举报投诉热线运行畅通、便民高效，投诉办结率逐年上升，服务水平稳定提高。通过投诉举报发现线索，一举破获了“9.07”跨省制售假冒名酒特大案件，共捣毁26个制假黑窝点，抓获犯罪嫌疑人17名，查扣成品假冒酒6200余箱、散装白酒150余吨，收缴制假设备50余套，捣毁了7条制假生产线，维护了广大消费者的生命安全。

四、坚持综合施策，质量保障取得新进展

质量工作涉及多个部门，既需要政府引导，也需要部门加强监管，还需行业协会严格自律，更需要社会媒体监督，只有全社会共同关注、共同提升，才能形成推动质量提升的叠加效应和强大合力。

（一）组织保障不断强化

2007 年，山西省就成立了质量立省领导组，2013 年调整为质量强省领导组，2016 年对组成人员进行了更新调整，适应了质量强省战略工作需要。省政府定期召开质量工作专题会议，推进质量强省战略实施。各相关部门紧密结合自身职责，建立健全组织领导体系，把质量工作作为重要任务，全面推动质量发展。各市、县也都层层调整充实了组织领导机构，为“质量强市（县）”活动在各地蓬勃开展提供了有力保障。

（二）政策体系日趋完善

根据山西省质监事业发展要求，以促进产品质量的稳步提高、维护食品质量安全和特种设备安全为重点，积极开展地方相应法规规定的制（修）订工作，逐步建立健全山西省与质量安全、质量发展相配套的法规规章体系。先后出台了质量工作重要政策文件 20 余件，已逐步形成了一个以国家法律体系为主导，地方立法为补充，规范性文件为配套的、涵盖质量工作各领域、各环节、具有山西特点的质量法律和制度体系。在政府奖励方面，在全国率先建立了省级政府质量奖励制度，7 个市设立了市级政府质量奖，20 余个单位分别获得省、市政府表彰奖励。各级政府对获得国家级、省级名牌产品和驰名商标、著名商标的企业给予奖励，2005 年以来省、市、县三级政府累计奖励资金近亿元。在统计分析方面，建立了产品质量统计和宏观质量状况分析报告制度，各相关部门按年度编制了产品、食品、药品、公路工程、电信服务等重点领域的质量状况分析报告，并及时向社会公开。省财政安排资金 350 万元专项用于山西制造业产品质量合格率统计分析工作。在法规规章方面，推进质量立法工作，根据标准化法、计量法、农产品质量安全法、药品

管理法及食品安全法实施条例、化妆品监督管理条例等法律法规修订后的要求，完成地方相应法规制度的制（修）订工作，逐步建立健全与质量安全、质量发展相配套的省级法规规章体系。

（三）考核机制逐步健全

构建了明确具体的责任体系。将质量工作纳入了省委、省政府对各市和省直部门（单位）年度目标责任考核体系，建立了省政府对各市政府质量工作考核制度，并将考核结果作为领导班子和领导干部考核评价和奖惩的重要依据。连续三年印发了山西贯彻实施质量发展纲要行动计划，分解细化年度工作任务；相关部门不断加大质量工作经费投入，强化工作措施，认真开展考核，促进了各行业质量水平提升。

（四）质量发展环境不断优化

一是强化质量舆论宣传。通过新闻媒体、户外广告、公益短信、网络、社会教育等方式，宣传了质量安全和消费维权知识，及时正面回应了全社会关切的热点、焦点问题。通过悬挂横幅、张贴标语进行宣传，利用短信和网络向全社会不定期发布了质量理念、维权案例。精心组织开展了质量月、3. 15 国际消费者权益日和世界标准日、计量日、认证认可日、质量专家企业行、质量宣传咨询服务等活动，组织经验人士和专家学者进社区、进机关、进学校、进企业宣讲质量知识和管理案例，形成“人人重视质量，人人了解质量”的氛围。二是推进质量文化建设。通过加强质量教育、开展 QC 小组活动等形式，大力培育质量文化，建立中小学质量教育社会实践基地。强化山西名优特色品牌文化建设，组织开展山西品牌“中华行”“丝路行”活动，“人说山西好风光”“晋人晋菜晋味道”等主题宣传活动取得良好效果。三是发挥社会中介作用。着力推进质量管理社会中介组织建设，引导鼓励社会团体积极提供技术、标准、质量管理、品牌建设等方面的咨询服务，促进行业规范发展。在通信行业中，充分发挥行业协会自查、自纠、自管的自我约束作用，指导帮助企业加强自律、恪守诚信，提升了通信行业质量管理水平。

第五章

质量管理实践应用与分析

第一节 宏观层面

“十三五”时期是全面建成小康社会的决胜阶段，也是质量管理深化改革加快发展的攻坚时期。随着发展方式从速度规模型转向质量效率型，质量在经济发展新常态下的基础作用和核心地位日益显现。一年来，在省委省政府、市委市政府的正确领导下，太原市坚持以提高经济发展质量和效益为中心，以全面实施“质量强市”战略和开展创建“全国质量强市示范城市”活动为抓手，用“大质量”理念统领质量工作，用“大格局”意识推进质量工作，用“大品牌”建设做强质量工作，构建起了政府监管、市场调节、企业主体、行业自律、社会参与的大质量工作机制，为经济社会发展提供了坚实的质量基础和技术保障作用。根据《太原市宏观质量状况分析报告实施办法》要求，太原市质监局在市质量强市领导小组的指导下，对2016年度太原市产品、工程、服务、环境各领域质量进行了系统分析，力求向全社会传递综合性质量信息，为党委、党政府宏观决策提供参考，为企业提升质量竞争力提供指导。

一、产品抽检合格率总体保持上升态势，产品质量再上新台阶

（一）圆满完成规定的监督抽查任务，产品质量高于山西省平均水平

2016年，太原市质监系统共出动执法人员3600余人次，检查企业

900余家，查办案件50余起，货值400余万元，检查抽查各类产品共计828批次，合格产品804批次，合格率为97.1%。其中，太原市标准计量质检院根据省局要求，对在太原市生产和经销的新型墙体材料、建筑用金属面绝热夹芯板、车用汽油、车用柴油进行了抽样，共抽检产品批次200个、合格批次194个、合格率为97%，不合格产品主要是建筑用金属面绝热夹芯板（不合格产品检出率16%）和车用柴油（不合格产品检出率3.92%）；对面膜、防晒产品、祛痘产品3大类49批次化妆品开展监督抽检，检验结果全部合格；对日用消费品和重要工业产品质量监督抽查共抽查检验产品批次200个，合格批次194个，合格率97%（见表5－1）。

表5－1　太原市标准计量质检院2016年部分产品监督抽查检验产品合格率

产品	抽检批次(个)	合格批次(个)	不合格批次(个)	合格率(%)
新型墙体材料	15	15	0	100.00
建筑用金属面绝热夹芯板	25	21	4	84.00
车用汽油	109	109	0	100.00
车用柴油	51	49	2	96.08

资料来源：由太原市质量技术监督局提供。

与山西省相比，2016年1～8月，国家抽查涉及山西省62家企业的农用薄膜、氮肥产品、动力煤等7个领域、62批次产品，产品合格率为87.3%；2016年上半年，山西省省级监督抽查生产企业数为3134个，抽查产品数为6097批次，其中合格产品5766批次，合格率为94.57%。不论是国抽还是省抽，太原市产品合格率均高于山西省平均水平。

（二）制造业产品质量合格率逐步提高，达到历史最高水平

与山西省对比看，2015年，山西省对省产品质量监督检验研究院、纤维检验局等6家检验机构提交的37个类别、700个抽样产品检验报告汇总分析，山西省制造业产品质量合格率达到94.29%，其中太原市抽取的53个样本检验合格率达到100%，与阳泉并列第一，超过山西省平均水平5.71个百分点（见图5－1）。

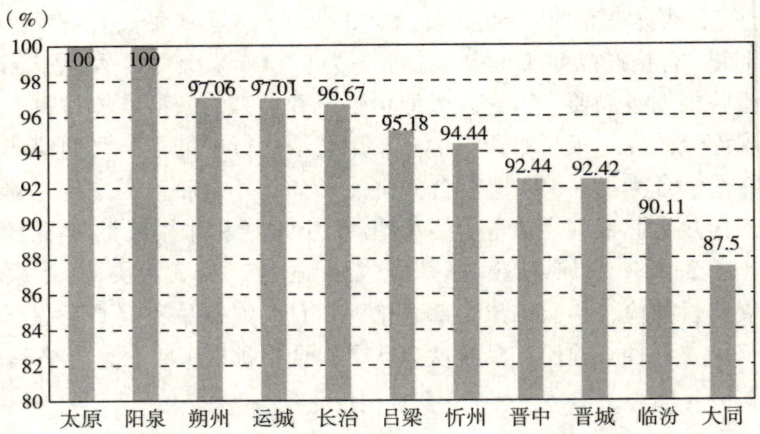

图 5-1　2015 年山西省制造业产品质量合格率统计

资料来源：由太原市质量技术监督局提供。

从历年情况看，太原市 2015 年制造业产品质量合格率达到了历史最高水平，比 2014 年提高 2.9 个百分点。

（三）市场商品质量合格率参差不齐，投诉量大幅增长，维权效能不断提升

从流通领域商品质量抽检看，2015 年，太原市共抽检八大类商品 510 个批次，其中家用电器合格率最高，达到 96%，装饰装修材料最低，仅为 22%，呈现出明显的分化态势。2016 年，太原市抽检电热水器 26 个批次，其中 1 个不合格，合格率为 92.6%。2016 年，太原市流通领域商品质量专项检查共抽取样品 471 组，不合格样品 76 组，占到总数的 16.14%；抽查检验经营户 471 户，全部合格的 147 户，仅占到抽查总户数的 31.21%；抽查检验违法商品货值金额 10.9 万余元，处理被抽查检验经营户 54 户，查处违法案件 32 件，罚没金额 12.9 万余元（见表 5-2）。

表 5-2　　2015 年流通领域商品抽检合格率

抽检品项	抽检批次	合格批次	抽检合格率(%)
家用电器 15 项(冰箱、洗衣机、电饭煲、笔记本电脑、电磁炉、电热水器等)	40	38	96

续表

抽检品项	抽检批次	合格批次	抽检合格率(%)
服装类6项(床上用品、内衣、羊毛羊绒制品等)	100	88	88.0
装饰装修材料	50	11	22.0
交通工具	20	13	65.0
日用百货	75	71	95.0
鞋与箱包	55	49	89.0
手机	50	48	96.0
儿童用品及服装	120	87	72.5

资料来源：由太原市质量技术监督局提供。

从受理投诉情况看，2016年，太原市受理各类消费投诉6235件，与2014年和2015年相比，数量分别增加了2.6倍和3.8倍，其中预付式消费类投诉数量急剧增加，排名高居投诉榜首；家用电子电器类申诉也是“重灾区”；汽车销售及维修投诉量居高不下；通信产品类投诉量有所增加；邮政快递类投诉量快速攀升（见图5-2）。

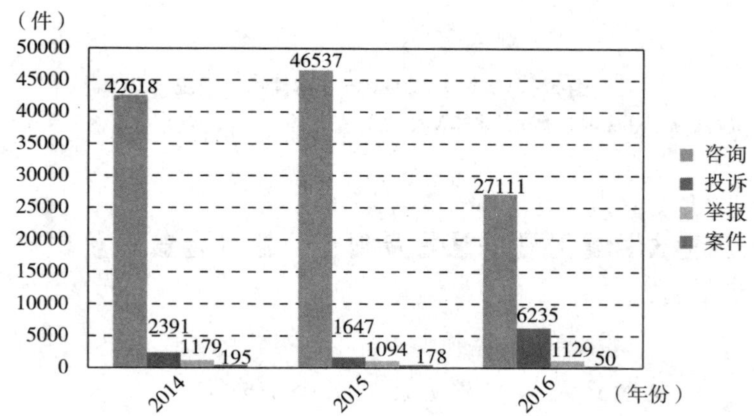

图5-2　2014~2016年度投诉受理情况

资料来源：由太原市质量技术监督局提供。

从专项检查和挽回经济损失看，2016年，太原市消费投诉成功调解5985件，调解成功率96%，为消费者挽回经济损失614.11万元，呈现罚款额明显下降（2016年比2014年、2015年分别下降60%和

74%）、挽回经济损失明显上升（2016 年比 2014 年、2015 年分别增加 207% 和 98%）的良好态势，充分反映出维权的效能在逐步提升。2016 年，市工商局开展的基础教育装备产品质量专项检查共检查 552 户经营户，发现无照经营 8 户（已责令停业，限期办理营业执照）、经营“三无”产品的 2 户（已责令下架）、经营危险玩具的 2 户（已责令下架）、未年报的经营户 1 户（责令其限期办理）（见图 5－3）。

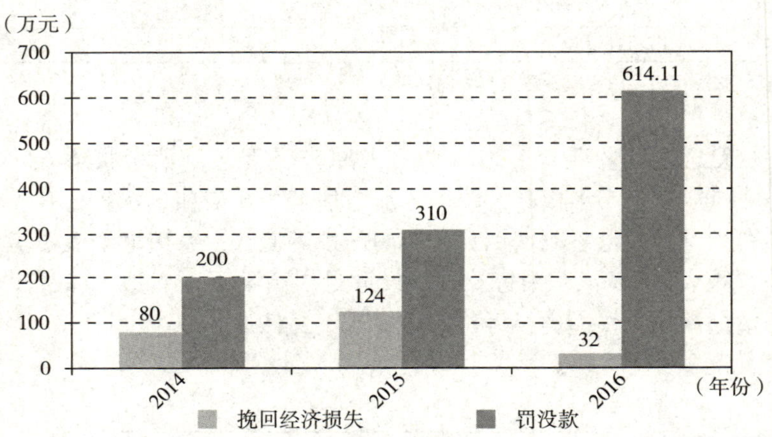

图 5－3　2014～2016 年度案件罚款情况

资料来源：由太原市质量技术监督局提供。

二、三大领域工程质量稳步向好，监督覆盖率和验收合格率逐步提高

（一）房屋建筑工程质量达到五个 100%

2016 年，太原市年共监督房屋建筑工程 537 项，建筑面积 1012 万平方米，市政工程 56 项（105 个标段），监督覆盖率达 100%；监督主体验收项目 305 项，主体合格率达 100%；监督竣工验收项目 198 项，一次竣工验收合格率达 100%；住宅工程分户验收率 100%；施工图纸审查备案率达到 100%。2016 年上半年评优（结构迎泽杯）工程 23 项。

全年共受理人大提案、群众来访、来电投诉以及城建热线

“12319”、太原市政府“12345”便民服务热线共计317件，处理完成317件，办结率为100%，安全隐患有奖举报53件，处理完成53件，办结率为100%。

（二）公路建设项目工程质量总体良好

2016年，太原市农村公路县道优良路率为83.57%，乡道优良路率为78.55%；农村公路一次性交工验收合格率达到98%。积极开展了公路水运工程建设项目质量安全监督抽查工作，共监督项目9项（107公里），公路建设项目覆盖率达到100%。

（三）水利项目工程质量实现两个100%

2016年，市级以上水利投资项目共33项，受监督率达到100%；完工项目18项，质量合格率达到100%。目前为止所有工程均未验收。

三、服务质量总体水平不断提高，各领域均呈现稳步提升的良好态势

（一）旅游服务质量持续提升

旅游景区标准化管理方面，太原市成功评定工农业旅游点9家、3A级景区6家，截至2016年底，4A级景区达到10家，占到A级景区的41.67%。旅游公共服务设施建设方面，全面完成69座旅游厕所的新建、改建、扩建年度计划任务，晋祠等景区实现免费WiFi信号全覆盖，旅游星级酒店达到66家，其中四星级以上占到27.28%。旅行社方面，旅游线路不断丰富，开发多条国际旅游线路，3A级以上旅行社达到91家，占到旅行社总数的34.87%。旅游市场整顿方面，重点打击了不依法签订或履行旅游合同、非法使用“黑车、黑导”等“顽疾”，出动检查人员3342人次，检查车辆1204台次，检查旅行社496家次、导游70余名、景区6家，开具责令整改通知书97份，行政处罚旅行社2家，太原市旅游市场秩序持续好转。旅游投诉方面，全年共受理有效书面旅游投诉126起，涉及人数630人，赔偿金额75万元，结案率达到98%。旅游培训方面，依托太原旅游专业院校资源集聚的优势，建立了一批校企合作、教学实习一体化的旅游培训基地，对太原市200余名农业旅游

从业人员和2700余名导游员进行了培训，旅游从业人员服务水平和素质普遍提升（见表5－3、表5－4）。

表5－3　　太原市2016年度旅游服务质量情况

	五星级	四星级	三星级	二星级	合计	
旅游星级饭店	5	13	44	4	66	
旅行社	5A	4A	3A	其他	261	
	13	25	53	170		
A级景区	4A	3A	2A		24	
	10	12	2			
旅游投诉	投诉件数	受理件数	结案数量	结案率(%)	涉及人数	赔偿金额(万元)
	130	126	123	98	630	75

资料来源：由太原市质量技术监督局提供。

表5－4　　太原市2014～2016年旅游主要业务指标统计

	2014年度		2015年度		2016年度(预计)	
	绝对值	增速(%)	绝对值	增速(%)	绝对值	增速(%)
旅游总收入(亿元)	500.0	16.0	588.35	17.67	670.47	13.96
国内旅游收入(亿元)	495.3	16.8	583.34	17.77	664.00	13.89
外汇旅游收入(万美元)	7666.0	4.5	8059.54	5.13	8836.00	9.60
入境旅游者(人次)	200001.0	5.0	210065.00	4.68	229966.00	9.40
国内旅游者人数(万人次)	4176.4	14.6	4891.47	17.12	6050.00	23.00

资料来源：由太原市质量技术监督局提供。

（二）医疗服务能力和水平不断提高

从医疗服务能力看，2016年市卫计委印发了《太原市二级及以下医院等级医院评审管理制度》《太原市医疗机构临床用血管理制度》《太原市急救站点设置管理制度》等，医疗质量管理制度日益健全。截至目前，太原市三级医院数量21家，卫技人员数、执业医师数、注册护士数、总床位数与2015年相比均呈现增长态势，其中注册护士数增速最高，达到6.42%，医疗服务资源日益增多（表5-5）。

表5-5　　　2015~2016年太原市医疗资源比较

年份	2015年	2016年	增速(%)
三级医院数量(家)	21	21	0.00
卫技人员数(人)	24006	24638	2.63
执业医师数(人)	7606	7837	3.04
注册护士数(人)	12230	13015	6.42
总床位数(张)	35633	36523	2.50

资料来源：由太原市质量技术监督局提供。

从医疗服务水平看，2016年，太原市前三季度甲级病历率由一季度的17.54%提高到34.91%，乙级病历率由73.68%下降到62.26%，丙级病历率由8.78%下降到2.83%，病历质量逐步提高。推动在二级以上医院确定了两大类28个指标开展医疗运行评价，委托专业机构对34家开展健康体检的医疗机构进行了质量评价。继续落实“行动计划”，突出抓好预约诊疗、日间手术、医疗质量、信息推送、结算服务、药事服务、急诊急救、优质护理、中医医疗、人文关怀等10项工作。巩固和扩大临床路径应用范围，开展医护岗位知识技能训练竞赛活动和优质护理服务评价，开展医疗机构临床合理用药专项整治活动，确实为患者提供了安全保质适宜的医疗服务（见表5-6）。

表5-6　　　2015~2016年太原市医疗服务水平情况

年份	2015	2016
总诊疗人次	2874918.00	15645573.00
住院病人手术人次	261216.00	—
出院人数	784540.00	696640.00
出院者平均住院日	12.60	11.78
病床使用率	78.82	79.55
病床周转次数	22.29	19.07
住院患者死亡率	0.49	0.55

注：2016年数据截至10月31日。

资料来源：由太原市质量技术监督局提供。

（三）市政公用事业服务水平持续好转

供电服务。截至目前，国网太原供电公司所属营业窗口 69 个，其中城市营业厅 15 个、农村供电所 54 个。2016 年，太原市供电服务能力稳步提高，有效保障了人民用电服务。综合客户满意度达到 96.55%，比 2015 年同期提高 4.59 个百分点。供电可靠率城市和农村地区分别完成 99.986% 和 99.966%，比 2015 年分别提高 0.029 和 0.079 个百分点；居民客户端电压合格率城市和农村地区分别完成 99.999% 和 99.95%，其中城市地区与 2015 年持平，农村地区比 2015 年提高 0.41 个百分点。全年受理 95598 抢修服务工单 61936 张，受理居民新装用电 100591 件，受理非居民新装用电 2745 件，全部在承诺服务时限内到达现场或送电。全年受理投诉 245 件，比 2015 年减少 78 件；客户回访满意度 99.76%，同比提高 0.4 个百分点；电费抄核收实抄率完成 100%，电费差错率为 0。网上营业厅注册数量达到 34.66 万户，客户自助缴费率达 97% 以上，农村实现“村村设点”，进一步方便了群众购电。

供热服务。太原市对 4 个热源厂、1353 座热力站、1032 公里一次网线及配套设施设备进行了全面维检修，及时处理了漏水点、堵塞点和不热点，消除了各类故障隐患。2016 年新增测温点 1390 个，总数达到 5840 个，确保了按时提供优质供热服务。继续完善既有大型公共建筑供热计量改造及节能改造，各供热企业居住建筑供热计量收费比例达到 32%。

优质供水。继续强化水质监管力度，提高水质检测能力，扩大水质在线监测范围，太原市 2016 年新增水质在线监测点 5 处，水质综合合格率、管网压力合格率保持在 100%。继续强化安全隐患排查，整改隐患 115 处，完成供水管网抢修 618 处，抢修及时率达到 100%。市区现有 6 座污水处理厂运行安全稳定，污水日处理量约 65.3 万吨，污水处理率达到 92.9%。

安全供气。积极开展燃气安全专项整治，排查各类燃气安全隐患 504 处，已全部整改完毕。积极开展建（构）筑物占压燃气管线专项整治，已整治完成 95 处，年底前力争全面完成市区 1161 处整治工作。

市政养护。2016 年，以“路面平整无坑洼、管网通畅无堵塞、桥梁稳固无隐患”为目标，大力提升管养标准，不断强化监管巡查，保证及时处理率达到100%。对迎泽大街、滨河东西路等830条主次干道及小街巷进行排查整治，涉及灯具11.5万余盏，处理故障隐患909起，着灯率达到98.59%，设施完好率达到98.66%，均超部颁标准。大力抓好排水管网清淤、疏浚和隐患排查治理，共补装、更换防护网155套，翻修改造进水井29座，架设临时抽排设施5处，改造易积水点6处。对市内重点区域、重点路段开展了隐患排查，常规检测道路长度44公里，测线长471公里；应急检测34次，测线28公里，发现并确认76处道路脱空、空洞，全部进行注浆或开挖回填处置。

（四）养老服务能力逐步提升与供给不足并存

目前，太原市共有各类养老机构50所（其中，公办机构1所，农村敬老院27所，民办非营利机构22所），机构床位7648张；已建成城乡老年日间照料中心430个（其中城市168个、农村262个），床位4300张；千名老人拥有床位数为21张（国家指导标准为30张），养老床位依旧短缺。总体来看，太原市养老服务业发展还处于起步阶段，纵向来看，各类养老服务机构、日间照料中心、农村敬老院、农村五保供养标准均呈现明显增长态势，但与日益严峻的老龄化需求相比，仍存在服务供给不足、结构不合理、质量不高、社会力量参与不充分、扶持政策不完备等诸多问题（见表5－7）。

表5－7　　2014～2016年太原市养老服务情况

<table>
<tr><td>年份</td><td colspan="6">2014</td><td colspan="6">2015</td><td colspan="6">2016</td></tr>
<tr><td>社区养老服务中心</td><td colspan="6">516</td><td colspan="6">516</td><td colspan="6">530</td></tr>
<tr><td rowspan="2">日间照料中心</td><td colspan="3">城市</td><td colspan="3">农村</td><td colspan="3">城市</td><td colspan="3">农村</td><td colspan="3">城市</td><td colspan="3">农村</td></tr>
<tr><td colspan="3">44</td><td colspan="3">70</td><td colspan="3">39</td><td colspan="3">70</td><td colspan="3">65</td><td colspan="3">50</td></tr>
<tr><td>社区老年餐桌</td><td colspan="6">55</td><td colspan="6">52</td><td colspan="6">26</td></tr>
<tr><td rowspan="2">农村敬老院</td><td colspan="3">机构数</td><td colspan="3">床位数</td><td colspan="3">机构数</td><td colspan="3">床位数</td><td colspan="3">机构数</td><td colspan="3">床位数</td></tr>
<tr><td colspan="3">29</td><td colspan="3">4224</td><td colspan="3">29</td><td colspan="3">4273</td><td colspan="3">24</td><td colspan="3">4213</td></tr>
<tr><td>民办养老机构</td><td colspan="3">23</td><td colspan="3">3218</td><td colspan="3">22</td><td colspan="3">3244</td><td colspan="3">21</td><td colspan="3">3244</td></tr>
<tr><td rowspan="2">公立养老机构</td><td colspan="2">机构数</td><td colspan="2">实有床位</td><td colspan="2">入住床位</td><td colspan="2">机构数</td><td colspan="2">实有床位</td><td colspan="2">入住床位</td><td colspan="2">机构数</td><td colspan="2">实有床位</td><td colspan="2">入住床位</td></tr>
<tr><td colspan="2">1</td><td colspan="2">208</td><td colspan="2">139</td><td colspan="2">1</td><td colspan="2">208</td><td colspan="2">184</td><td colspan="2">1</td><td colspan="2">208</td><td colspan="2">239</td></tr>
</table>

续表

年份		2014	2015	2016
农村五保供养标准	集中供养标准	6834 元/人年均	7161 元/人年均	7570 元/人年均
	分散供养标准	5139 元/人年均	5484 元/人年均	6087 元/人年均

注：2016 年数据截至 11 月 30 日。

资料来源：由太原市质量技术监督局提供。

（五）邮政快递普遍服务能力明显提高

2016 年，太原市不断强化普遍服务保障，6 个“0 局所”乡镇补建营业场所已全部开办运营并完成备案，“快递下乡”乡镇网点实现 100% 全覆盖。按照《邮政普遍服务标准》要求，监督检查 110 个普遍服务邮政局所，下发《责令改正书》5 份（存在问题均已全部整改落实），并邀请邮政特邀监督员监督邮政普遍服务营业网点 252 个，走访用户 493 人，反馈问题 16 个，提出建议 23 条。对太原市部分住宅小区进行信报箱设置情况检查，4 个住宅小区均符合国家标准，信报箱设置率达到 100%。2016 年，通过局长信箱受理用户投诉查询 10 件，比 2015 年减少 16 件，同比降低 61.54%；通过公众留言受理用户投诉查询 4 件，比 2015 年减少 11 件，同比降低 73.33%，办结率均为 100%（见表 5－8）。

表 5－8 2014～2016 年太原市邮政业务主要指标

年份	2014 年	2015 年	同比增长（%）	2016 年 1～10 月	同比增长（%）
邮政行业业务总量（亿元）	12.29	14.28	16.17	16.60	44.27
业务收入（亿元）	12.34	15.81	28.10	14.89	14.51
快递服务企业业务量（万件）	6685.15	7725.01	15.55	8689.10	39.18
快递业务收入（亿元）	5.80	8.82	51.96	8.61	19.34

注：业务收入不包括邮政储蓄银行直接营业收入。

资料来源：由太原市质量技术监督局提供。

（六）政务服务满意度保持在 99.9%

2016 年，太原市政务服务中心全年共受理事项 37786 件，办结事项37783件，即办率达到100%，承诺件提前率达到83.6%，按时办结率达到99.94%（超期件22件）。市政务服务中心窗口服务满意度评价参与人数8305，满意率达到99.94%。

（七）商务服务质量逐步提高

2016年，太原市不断完善市场监测体系，加快信息成果转化，及时准确向社会发布市场信息，有效引导了生产和消费。突出抓好平台建设，扩大城乡消费规模，不断推进消费结构转型升级，组织举办了消费促进月活动、2016第二届太原购物季促消费活动和“山西品牌中华行”等推介对接活动。1~10月，太原市限额以上社会消费品零售总额实现732.22亿元，同比增长5.9%，增速比去年同期（-1.6%）提高7.5个百分点，总量和增速继续保持山西省第一。全年完成6家国家级五钻酒店的年审及复评工作，其中国家级白金五钻级企业1家，为山西省唯一一家；五钻级企业7家，占到山西18家的38.9%。

（八）科技支撑服务能力持续提升

科技投入方面。2015年，太原市研究与试验发展（R&D）经费73.23亿元（占山西省的55.27%），比上年减少13.48亿元，降低15.6%；占地区生产总值（GDP）比重为2.68%，比上年降低0.75个百分点。

专利成果方面。截至2016年9月，太原市专利申请量5542件，其中发明2497件、实用新型2747件、外观设计298件；专利申请量同比增长24.2%，其中发明同比增长27.2%、实用新型同比增长22.2%、外观设计同比增长19.2%。新增专利授权3408件，其中发明1381件、实用新型1835件、外观设计192件；专利授权量同比增长11.8%，其中发明同比增长29.8%、实用新型同比增长3.1%、外观设计同比增长-6.3%。有效专利拥有量18112件，其中发明6221件、实用新型10841件、外观设计1050件；有效专利拥有量同比增长21.2%，其中发明同比增长29.8%、实用新型同比增长17.6%、外观设计同比增长12.4%。

创新平台方面。2016年，太原市拥有企业技术中心160家，其中国家级11家、省级90家、市级59家；重点实验室52个，其中国家级

7个、省级45个；国家级工程实验室3个、国家地方联合工程实验室5个；国家工程研究中心1个、国家地方联合工程研究中心2个；省级工程技术研究中心67个；国家级科技企业孵化器8个。

高新技术产业方面。2015年，太原市经认定的国家高新技术企业380家，占山西省的50.4%；高新技术产业增加值248亿元，占太原市GDP的9.1%；高新技术企业销售额752.6亿元，占太原市规模以上工业企业销售额的29%，比山西省平均水平（9.7%）高出近20个百分点。

科技计划方面。2016年，太原市级科技计划共安排各类项目14项，经费8274.8万元，验收科技项目30项；太原市企业、驻并高校、科研院所、事业单位共在省科技计划项目立项893项，其中重点研发计划224项，占到总数的25.08%。

技术交易方面。2015年，太原市经登记的技术合同成交额52.99亿元（占山西省的35.7%），其中市内技术合同成交额21.96亿元，比上年增长162%；在中部省会城市位列第四，仅高于长沙、南昌，与最高的武汉市相差7倍以上（见表5－9）。

表5－9　　太原市2014～2016年科技相关指标

年份	2014	2015	2016
高新技术企业数量(户)	269.00	380.00	预计430
高新技术企业销售额占规模以上工业企业销售额的比重(%)	29.00	29.00	预计26%以上
有效发明专利拥有量(件)	4030.00	5157.00	预计全年6350
技术合同成交额(亿元)	112.66	52.99	预计全年92

资料来源：由太原市质量技术监督局提供。

四、城市环境整治与污染治理全面加强，环境质量总体呈现持续改善态势

（一）优良天数有所增加，但重度以上污染天数占比提高

2016年1～11月，太原市空气质量优良天数226天，优良率67.9%，比上年同期增加7天；重度污染天数8天，比上年同期提高0.9个百分点；严重污染天数3天，比上年同期提高0.9个百分点。可

吸入颗粒物年浓度为 117 微克/立方米，比上年同期上升 7. 34%，细颗粒物年均浓度为 58 微克/立方米，与上年同期持平，二氧化氮年浓度为 43 微克/立方米，比上年同期上升 13. 16%，二氧化硫达到空气质量年均值二级标准，一氧化碳、臭氧指标均达到空气质量日均值二级标准。

（二）水环境质量继续好转，劣Ⅴ类水质断面占比下降

2016 年，太原市饮用水水源地汾河水库、兰村、枣沟、地垒水质达标率 100%。太原市 14 个地表水环境水质考核断面（点位），Ⅱ类水体断面 2 个、Ⅲ类水体断面 3 个、Ⅳ类水体断面 3 个、Ⅴ类水体断面 1 个、劣Ⅴ类水体断面 4 个，1 个断面全年断流，与 2015 年相比，有 4 个断面水质好转，其余 10 个断面水质无明显变化。14 个考核断面（点位）中，2016 年Ⅱ～Ⅲ类水质断面（点位）占 35. 7%，劣Ⅴ类水质断面占 28. 6%，与 2015 年相比，Ⅱ～Ⅲ类水质断面比例上升 14. 3 个百分点，劣Ⅴ类水质断面比例下降 7. 1 个百分点。

（三）声环境质量总体较好，符合标准值要求

2016 年，太原市区域环境噪声等效声级为 52. 9dB（A），与 2015 年持平；道路交通噪声等效声级为 68. 1dB（A），与 2015 年相比，下降 0. 2dB（A），均符合标准值要求。

（四）城市环境整治收效显著，人居环境明显改善

2016 年，太原市以绿色文明工地创建为抓手，加强建筑工地监管，发现并整改安全隐患 200 余处，绿色文明工地达标率达到 98. 8%。全面加强扬尘污染治理，督促硬化施工场地 40 万余平方米，对 221 处 36. 4 万平方米工地散装物料实施成型绿色苫盖，规范建筑土方清运 10 万立方米，清除生活和建筑垃圾 280 万立方米。全国首创对所有在建工地全部设置高效洗车台和喷淋喷雾降尘设施，获得国家住建部肯定并在全国范围推广，截至目前太原市修建 U 型高效洗轮机的工地共有 267 处，设置喷雾降尘设施的工地已达 255 处。以深入开展占道经营和露天烧烤整治工作为重点，加大市容环境综合整治力度，对太原市 2092 处露天烧烤开展清零行动，共取缔规范 2084 处，处置率达到 99. 57%，其中迎泽区、杏花岭区、尖草坪区、晋源区以及四个开发区处置率达到 100%。

五、质量安全总体可控，但隐患风险不容忽视

2015～2016年，太原市始终坚守质量安全底线，把质量安全作为质量工作的重中之重，突出抓好食品、特种设备、危化品产品质量安全监管，强化风险防控和源头治理，有效避免了系统性、区域性、行业性质量安全问题和重大舆论热点问题的发生，确保了重大安全事故（事件）零发生，保障了广大人民群众生命财产安全和消费安全。

（一）农产品质量安全平稳向好

2016年，太原市紧紧围绕“千方百计提升农产品质量安全水平”的目标，守住“努力确保不发生重大农产品质量安全事件”的底线，以农产品质量安全县创建为重要载体，坚持“产出来”和“管出来”两手抓，强化源头治理和执法监管，大力推行标准化生产和全程控制，推进监管能力和制度机制建设。根据农业部和省农业厅的要求，截至目前太原市抽取蔬菜、水果、食用菌381个样品，畜产品393个样品，生鲜乳样品228批次，饲料样品75批次，部省两级蔬菜、水果、食用菌农产品监测合格率达97.9%，比去年同期增长1.32个百分点，超过94.5%目标值；畜禽产品监测合格率99.75%，超过98%的目标值，畜产品兽药监测合格率为99.75%，比2015年同期增长0.55个百分点；“瘦肉精”抽检合格率100%；三聚氰胺抽检合格率为100%；生鲜乳监测合格率100%；水产品产地抽检合格率100%，切实保障了农产品消费安全。

2016年，太原市无公害农产品新认证产品54个，产量2.71万吨，同比上年产品增加29个，产量增加1.23万吨；无公害农产品新认证产地8个，同比上年增加3个；无公害农产品复查换证7家，同比上年减少3家；有机农产品新认证企业数量7个，农产品地理标志认证4个，有效使用绿色食品标识的生产企业4个，产品数量10个。

（二）食品药品质量安全体系不断健全

2016年，太原市制定落实《太原市乡（镇、街办）食品药品监管站建设指导意见》，全面推进106个乡（镇、街办）90个监管站的建

设，进一步完善了内部管理制度和受理登记、日常巡查工作机制，每个监管站都达到一个独立办公场所、一辆执法用车、一套快检设备、一部执法记录仪、一台便携式打印机的“五个一”基本标准配置和办公室、快检室、库房分设“三分开”要求。目前，市级食品药品检验检测中心落成正式投入使用，国家级试点——古交市食品药品检验检测中心建设顺利推进，执法人员编制增加到 1363 名，到位率达到 70% 以上，市级指导下的属地监管责任体系，行政管理、监督执法、技术监督“三位一体”监管模式，市、县、乡、村的四级监管网络得到进一步增强。2016 年，太原市基本药物抽验合格率达到 99. 33%。

2016 年，太原市探索在杏花岭区 12 个乡镇卫生院（社区卫生服务中心）及下辖的村卫生室（社区卫生服务站）全面开展了食源性疾病防控县乡村一体化试点；指定小店区、清徐县各 2 个乡镇卫生院（社区卫生服务中心）、各 3 个村卫生室（社区卫生服务站）试点开展了食源性疾病病例信息报告工作。截至 10 月 31 日，采集病例信息 1213 例，完成监测任务的 126. 35%；采集食源性特定病原体标本 327 份，完成监测任务的 99. 10%，检出特定致病菌（毒）株 60 份，检测率为 18. 35%。食品中污染物及有害因素监测覆盖所有县（市、区），采集 15 大类 23 个品种 264 份样品，完成全年采样任务的 107. 76%；上报监测数据 1516 条，完成数据上报进度的 149. 1%。食品中食源性致病菌监测 14 大类 21 个品种 353 份食品样品，完成全年采样任务的 104. 13%；上报监测数据 1213 条，完成数据上报进度的 104. 13%；检出食源性致病菌 15 株，总体检出率为 4. 24%。

（三）特种设备、危化产品质量管控日趋严格

2016 年，太原市开展了油气管道攻坚战，召开会议、下发文件专门安排部署，重点强调压力管道运营单位主体责任，对未办理告知、检验、注册登记的限期整改，与省锅检院对接，积极开展了 20 年压力管道评估工作。针对太原市电梯量大（占山西 1/4）、面广、增长快、监管人员少的难题，制定了《太原市 2016 年电梯安全攻坚战工作方案》，开展了电梯大会战工作；迎泽区、小店区、万柏林区由政府出资各区招聘 20 名特种设备安全协管员，充实了特种设备安全监管力量；全年开展特种设备培训 5 期，对电梯安全管理人员、气瓶充装站安全管理人员

等600人进行了专题培训。

截至2016年12月22日，太原市共有强制性产品认证生产证书有效企业211家，证书949张；证书暂停企业28家，证书59张；证书撤销98家，证书183张；证书注销55家，证书210张。管理体系认证企业共有质量管理体系认证证书2237张，环境管理体系认证证书816张，职业健康安全管理体系认证证书762张。

第二节 中观层面

党的十八大以来，国家把质量发展摆在更加突出的位置，提质增效成为当前全国经济发展面临的重要课题，对于山西省来说，这一要求更为紧迫、更为关键。伴随我国经济发展进入新常态，受市场需求不足及产能严重过剩的影响，山西省经济结构转换加速，煤焦冶电等传统支柱产业收缩增长缓慢，对经济增长的贡献进一步减弱，新兴产业尤其是装备制造业日益成为拉动经济增长、促进转型升级的主力军、新动能、新产业，2015年制造业增加值占工业增加值比重达到35.36%。《中国制造2025》指出，制造业是国民经济的主体，是立国之本、兴国之器、强国之基，必须坚持质量是制造强国的生命线，没有一流的制造质量，就不可能建设成为制造强国。如何尽快提升制造业质量竞争力，加快建设现代装备制造基地是山西省能否成功走出一条资源型省份创新驱动、转型升级新路的关键和重点。

一、提升制造业质量竞争力是山西省振兴崛起的重要突破口和切入点

（一）提升制造业质量竞争力是山西省推动供给侧结构性改革的重要内容

深化供给侧结构性改革是党中央、国务院作出的重大部署，制造业是供给侧结构性改革主战场。供给侧结构性改革的目标就是要着力解决当前经济发展中存在的供需结构失衡问题，而供需结构失衡的根源在于

质量问题，我国消费者已经实现“中等收入”，而生产制造体系还未发生根本转变，造成了供给质量不能适应消费升级的要求，出现了部分高端消费品领域民众偏爱海外产品、大量“海淘”的现象。山西省推动供给侧结构性改革，也必须充分挖掘制造业的发展潜力，从提高质量入手，减少无效和低端供给，扩大有效和中高端供给，实现山西制造业的提质增效、转型升级，提升质量供给水平。

（二）提升制造业质量竞争力是山西省推动经济转型升级的内在要求

重视质量是一个国家或地区转型发展的普遍规律。德国 20 世纪 50 年代就实施了“以质量推动品牌建设，以品牌助推产品出口”的国策，用系统性人才培养机制确保了制造业产品的品质，“德国制造”成为产品高质量的代名词。第二次世界大战后的日本，重塑精益求精的制造工艺灵魂，经历 20 世纪七八十年代重振路，使“日本制造”风靡世界。2009 年 12 月，美国公布了《重振美国制造业框架》，2011 年 6 月、2012 年 2 月相继启动《先进制造业伙伴计划》和《先进制造业国家战略计划》，实施“再工业化”。山西省作为资源型地区，经济转型升级是一道绕不开的坎，在推进经济转型升级的过程中，在煤炭、钢铁等产业去产能的过程中，必须重视制造业这个新的战略支撑点，必须把提升制造业质量提高到一个新的战略高度，推动产业体系由资源型为主向先进制造型为主转变，构建多元化高端现代产业体系。

（三）提升制造业质量竞争力是山西省推动创新驱动发展的关键一环

对一个后发经济体而言，其发展一般经历以低成本实现数量增长、以提高产品质量实现持续增长两个阶段。这两个阶段转化的过程中，如果不能合理地推进发展方式的转变，通过技术创新、质量升级、品牌效应等方式提升产品竞争力，经济发展会转入停滞徘徊甚至倒退。“中等收入国家陷阱”实质上是“数量—质量发展模式转换陷阱”。创新并不是无目标条件约束的盲目发展，质量提升应成为创新驱动发展的目标之一。创新驱动的核心就是要增加关键技术和关键零部件的供应，提升产品的稳定性和可靠性，实现从价值链低端向中高端的升级，提高产业发展的质量、效益和竞争力。制造业是国民经济发展特别是工业发展的基础，创新驱动发展必须把制造业关键和共性技术的研发、推广摆在重要位置。山西省制造业整体处于价值链中低端，产品质量不高，生产效率较低，2014 年制造业全员劳动生产率为 10.03 万元/人，必须加快技术、管理和制度创新步伐，进一步推动“双创”，不断提高自主创新能力和核心竞争力，提升企业生产效率和产品附加值，促进山西省制造业向产业链中高端攀升，提升自主设计水平和系统集成能力，实现“山西智造”。

二、山西省制造业产品质量基本现状及面临的突出问题

（一）基本现状

山西省制造业质量竞争力总体呈现上升态势。根据我国制造业质量竞争力指数来看，山西省制造业质量竞争力整体呈现稳步提升态势，2014 年达到 79.42，为历史最高值，比“十一五”初期提高了 5.11 个百分点，比“十二五”初期提高了 1.2 个百分点（见图 5 – 4）。

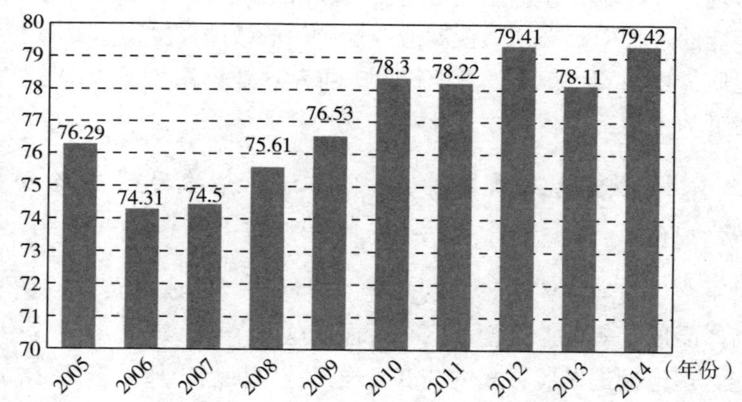

图 5 – 4 山西 2005 ~ 2014 年制造业质量竞争力指数

数据来源：由太原市质量技术监督局提供。

山西省制造业产品质量水平持续提高。通过对省产品质量监督检验研究院、省纤维检验局等 6 家检验机构提交 37 个类别、700 个抽样产品

的检验报告进行汇总分析，2015 年度山西省制造业产品质量合格率为 94.3%，与 2014 年度的 93.1% 相比，提高近 1.2 个百分点，制造业产品质量总体水平稳中有升。

按产品类别统计，在全部 33 个检验类别中，餐具用洗涤剂、电力金具等 24 类产品检验合格率达 100%，占抽检类别总数的 72.7%（见表 5－10）。

表 5－10　　分产品类别制造业产品质量合格率统计（2015）

序号	产品类别	检验总数	合格数	合格率(%)
1	防静电服、阻燃服、安全帽、绝缘鞋	12	10	83.33
2	衬衣、西服	9	6	66.67
3	餐具用洗涤剂	2	2	100.00
4	电力金具	10	10	100.00
5	建筑钢管脚手架扣件	17	12	70.59
6	建筑铝型材	7	7	100.00
7	食用油	5	5	100.00
8	白酒	33	33	100.00
9	小麦粉	19	19	100.00
10	食醋	29	29	100.00
11	冷轧带肋钢筋	1	1	100.00
12	玛钢件	60	55	91.67
13	曲轴	3	0	0.00
14	电线电缆	35	35	100.00
15	法兰	1	1	100.00
16	复混肥料	32	32	100.00
17	钢筋混凝土用热轧钢筋	16	16	100.00
18	钢丝增强液压橡胶软管和软管组合件	6	6	100.00
19	液压件	19	12	63.16
20	带式输送机	29	25	86.20
21	燃气灶具	1	1	100.00
22	水泥	120	120	100.00
23	铸件	5	5	100.00

续表

序号	产品类别	检验总数	合格数	合格率(%)
24	玻璃器皿	37	37	100.00
25	农药	16	16	100.00
26	人造板	2	2	100.00
27	阻燃输送带	5	5	100.00
28	尿素	1	1	100.00
29	危险化学品包装物(塑料编织袋)	4	4	100.00
30	橡胶密封制品	9	8	100.00
31	焦炭	62	53	85.48
32	粗苯	73	72	98.63
33	化肥	20	20	100.00
总计		700	660	94.29

数据来源：由太原市质量技术监督局提供。

按检验机构统计，6 家检验机构承担 700 个样品的检验任务，合格率为 94.29%，其中山西省分析科学研究院检验结果为合格率 100%，山西省纤维检验局结果为合格率 76.19%（见表 5－11）。

表 5－11　分检验机构制造业产品质量合格率统计（2015）

序号	检验机构	检验总数	合格数	合格率(%)
1	山西省纤维检验局	21	16	76.19
2	国家煤及煤化工产品质量监督检验中心	155	145	93.55
3	山西省产品质量监督检验研究院	295	294	99.66
4	山西省机械产品质量监督检验站	68	49	72.06
5	山西省玛钢管件产品质量监督检验站	75	70	93.33
6	山西省分析科学研究院	86	86	100.00
总计		700	660	94.29

数据来源：由太原市质量技术监督局提供。

按各市抽取样本统计，11 家省辖市中太原、阳泉抽取的 53 个和 32 个样本检验合格率为 100%，大同 24 个样本，检验合格率为 87.5%（见表 5－12）。

表 5－12　　分地市制造业产品质量合格率统计（2015）

序号	地市	检验总数	合格数	合格率(%)
1	长治	60	58	96.67
2	大同	24	21	87.50
3	晋城	66	61	92.42
4	晋中	172	159	92.44
5	临汾	91	82	90.11
6	吕梁	83	79	95.18
7	朔州	34	33	97.06
8	太原	53	53	100.00
9	忻州	18	17	94.44
10	阳泉	32	32	100.00
11	运城	67	65	97.01
总计		700	660	94.29

资料来源：由太原市质量技术监督局提供。

山西省制造业企业质量管理水平逐步改善。总体看，山西省绝大多数企业对质量管理的重视程度明显提高，大中型企业、行业骨干企业普遍有健全的组织机构、有独立的质量管理部门、能够独立行使质量管理职责。大多数企业还制定了较为详细的质量考核办法，定期组织内审、工艺管理检查，积极导入卓越绩效管理模式，开展6S管理、精细化管理等。大中型骨干企业普遍开展了可靠性分析研究工作，在设计过程中利用有限元分析、三维仿真、模拟故障模式等进行可靠性分析来调整设计，从强度、功率、元件等方面加大了储备。通过对试制样机进行负载试验、模拟工况试验，通过计算机模拟操作、实物操作等方式的培训，有效提高了用户产品使用的熟练程度，提高了产品的使用寿命，降低了产品的故障率。企业普遍配备了专职检验人员从事检验工作，检验人员的水平和所制造产品特性要求基本上达到了匹配。部分大型企业建有理化试验室、焊接试验室、环境实验室、校准实验室等，在配备常规的长度量具、热工仪表的基础上，还配备有三坐标检测设备、齿检仪、大吨位载荷试验台、自动化UT探伤检测线、机车滚动试验台、整车检测线、激光跟踪仪、智能扭矩测量仪等大型高精检测设备。大部分企业计量器具的配备基本能够满足产品制造要求，部分企业建有独立的计量器具检定机构。行业重点企业如太重集团、大同机车、大同齿轮、太原轨道交通、太航仪表等企业取得了测量体系认证和国家实验室认可。

山西省大中型骨干企业制造工艺水平不断提高。近年来，部分骨干企业为了发展需要，从国外购买了相当数量的数控设备、智能化设备、自动化生产线，如太重集团从德国进口了自动化+智能化国际先进水平年产30万片车轮的新轮线、天桥铣、万吨压机；晋西车轴从奥地利引进了卧式径向锻造机为主的世界最先进的铁路车轴锻造、热处理生产线；汾西重工购进德国马吉、美国米超力加工中心等先进设备，企业工艺装备能力、产品制造精度及效能以及智能化水平均有了很大提升，有能力完成国家的重要项目和一些高精尖机器产品的制造。此外，山西省部分大型企业积极参与国家标准、行业标准的制（修）订，在规范采用国家标准、行业标准的基础上，针对企业产品设计、生产制造、检验检测等环节，通过等同采用或修改采用国际先进标准而制定企业标准，如太重集团制定企业技术标准近800余项，收编采用国内外标准近5000余项；大同机车收编采用国家标准、行业标准3500余项，制定企业标准300余项。

（二）面临的主要制约和突出问题

山西省制造业质量竞争力全国排位明显靠后。十年间，山西省制造业质量竞争力水平整体上呈现曲折中上升的态势，但与全国平均水平相比，差距很大。即使2014年达到了历史最高，仍然与全国相差3.92个百分点，居中部末位，与周边省份河北、内蒙古也相差1.76和0.83个百分点，与上海等发达省份更是相差10个百分点以上。在全国排位由2005年的第22位跌落到2014年的第26位（期间曾经排在全国倒数第2位），排在后五位的是广西、西藏、云南、青海、宁夏。总体而言，山西省制造业质量管理水平还有很大的提升空间，亟待进一步提高（见图5-5）。

山西省制造业质量经营的理念和模式尚未形成。全社会尤其是制造业企业“质量为先”的理念和与之相适应的质量文化尚未广泛建立，部分企业质量管理流于形式，质量工作“说起来重要、做起来次要、忙起来不要”，能够做到质量经营（以质量为中心的经营活动）并最终形成竞争优势的企业比重很小，大部分企业没有将本企业质量理念推广到供应商、合作方、顾客和社会，且企业重规模轻质量、重设计轻工艺、重主机轻“四基”、重产品轻配件、重销售轻服务“五轻五重”的现象

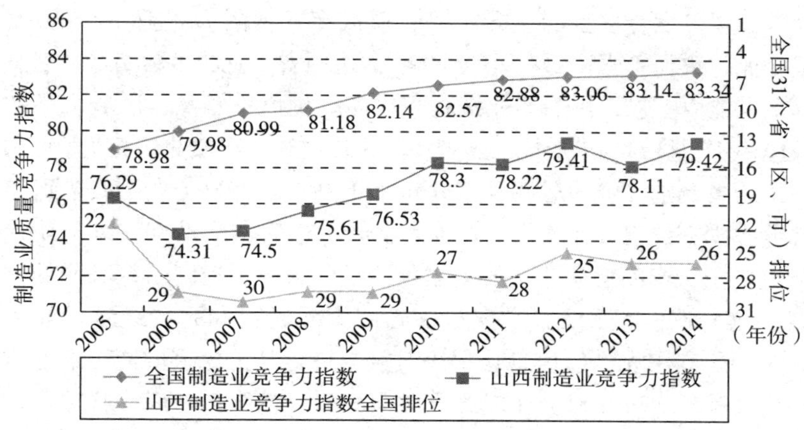

图 5－5 山西制造业质量竞争力指数与全国对比

资料来源：由太原市质量技术监督局提供。

依然表现比较突出。

山西省制造业企业制造管控缺乏精益求精。山西省制造业企业中只有极个别的企业定期进行生产过程审核，能够应用试验设计（DOE）、仿真等高级工具优化工艺参数。其余绝大多数企业普遍缺乏工匠精神，制造过程管理不够精细，致使产品制造过程控制不稳定，“三高三低”现象比较突出。即：在首台套产品制造中重视程度和控制程度比较高，重复制造时重视程度和控制程度低；出口产品重视程度和控制程度比较高，内销产品重视程度和控制程度低；重点产品重视程度和控制程度高，常规产品重视程度和控制程度低。此外，设备管理也比较粗放，大部分企业没有以设备全寿命周期为对象，系统、持续地开展全面生产维护（TPM）活动。

山西省制造业企业品牌意识薄弱、运用不足。山西省制造业领域现有 2 个“中国质量提名奖”和 19 个中国驰名商标、22 个中华老字号，虽然有些重点企业的主导产品在国内外有一定的影响，但中国驰名商标、中华老字号的数量与先进省市特别是沿海省市相比差距甚远，具有核心竞争力的大企业、大集团很少，产品竞争力较弱、品牌数量、品牌效应不强。特别是由于山西省对制造业的投入不足和重视不够，山西省过去有着一定基础和声誉的许多知名产品（如海棠洗衣机、运城拖拉机等）也都逐渐衰败和消亡，而一些小微企业由于质量基础薄弱，品牌意识淡薄，很多没有自己的主导产品，形成多年依附大企业生存的局面，造成企业“大而不强”或“小而尤微”。山西省现有的多数制造业名牌产品深加工能力不强，相关产业链较短，品牌价值不够高，区域产品的集聚效应还不明显，尚未形成以名牌产品为自主知识产权的核心竞争能力。

山西省制造业质量管理信息化水平不高。大部分企业无法达到“绝大部分数据在线自动采集”，个别企业仍完全依靠手工方式进行质量数据采集。用于产品检验测试的关键仪器设备与分析控制系统联网的比例不高，绝大部分企业没有实现与核心供应商或用户的在线质量业务协同。尤其是利用先进的信息化手段对数据进行分析挖掘的能力还非常薄弱，且没有充分收集利用外部竞争对手和标杆的数据，以寻找更大的改进机会，质量管理信息化日益成为制造业与信息化深度融合的主要短板。

山西省制造业质量人才和质量平台支撑不足。目前，山西省制造业技术工人队伍状况存在“四多四少”现象，即：初级技工多、高级技工少；传统型技工多、现代技工少；单一技能型技工多、复合技能型技工少；短训速成的技工多、系统培养的技工少。员工质量素质训练不足，与产品实现过程紧密相关的中层干部，因缺乏充足的质量管理知识和技能，难以有效开展质量管理指导活动。相当一部分制造业企业特别是中小型企业，长期以来技改投入严重不足、设备陈旧、工艺落后，很难保证产品质量持续提升。公共检测资源匮乏，一些使用频次较低的同类产品检测设备特别是进口检测设备不能实现资源共享，企业间重复投资增加了企业质量成本或得过且过降低了质量水平。质量工具的应用还比较初级，目视化管理、QC 管理等常规管控型质量工具使用较多，而用于质量预防和创新的质量工具，如失效模式与影响技术、故障树、创造性解决问题方法等相对使用较少。

三、提升山西省制造业质量竞争力应突出抓好四项工作

（一）大力提升制造业质量管理与服务能力

适应山西省装备制造业发展需要，创新政府事中事后监管方式，提升质量技术基础服务水平，健全质量发展考核与激励机制，提升企业标准化和质量管理创新能力，塑造“山西制造”品牌形象。

（1）深入推进制造业“品质革命”。

由省政府及有关部门倡导、全社会共同参与开展一场持久的“品质革命”活动。探索强制性标准实施与质量监管相结合的负面清单管理模式，推进装备制造业强制性标准整合精简和统一管理，除在危害国家安全、人身健康和安全、生态环境安全以及防止欺诈等方面设置强制性标准，需要强制执行、严格管住外，其他方面应更多地让市场发挥决定性作用。全面推进“双随机、一公开”监管，随机抽取检查对象，随机选派执法检查人员。探索建立质量信用“黑名单”制度，加强质量违法失信行为信息的在线披露和共享。建立产品统计监测制度，健全质量评价指标体系，加强宏观质量统计分析。

（2）实现制造过程的提质降本增效。

落实企业法定代表人或主要负责人对质量安全负首要责任、企业质量主管人员对质量安全负直接责任的制度。推广卓越绩效、六西格玛、精益生产等先进质量管理方法。开展品牌培育、质量标杆等试点示范活动，支持开展质量管理小组、现场改进等群众性质量管理活动。从人员、设备、原料、工艺和技术、环境等多方面和制造全流程，落实精益求精的工匠精神，做到始终以数据说话、测量准确、分析到位、质量特性控制精确。制定和修订企业质量损失统计与控制国家标准，建立对标数据库，着力降低“隐藏的金矿”。引导企业树立质量为先、信誉至上的经营理念，建立完善质量、品牌、环境、职业健康、“两化融合”和社会责任等管理体系。

（3）完善标准化和质量服务体系。

支持装备制造业领域技术公共服务能力建设，开展标准化和质量改进咨询服务，为企业制定标准提供国内外相关标准分析研究、关键技术指标试验验证、质量咨询与诊断等专业化服务。大力推进标准化服务业发展，提供标准实施咨询服务，为企业实施标准提供定制化解决方案，指导企业有效执行标准。支持标准化专业机构、行业组织等开展标准对比评价活动，挖掘标准大数据信息，服务企业、产业和政府决策。探索装备制造企业优质服务承诺标志与管理制度，完善顾客满意度测评体系，鼓励优秀服务企业做出优质服务承诺，以优质承诺与市场选择引领服务质量升级。

（4）健全质量发展考核与激励机制。

建立科学规范的质量工作绩效考核评价体系，完善省级政府质量工作考核机制，推动将装备制造业质量和安全纳入地方各级人民政府绩效考核评价内容。建立健全国家和地方质量奖励制度，鼓励装备制造企业积极开展争创质量管理先进班组和质量标兵活动，对装备制造领域质量管理先进、成绩显著的组织和个人给予表彰奖励，树立标杆和先进典型。充分发挥行业协会、专业机构、新闻媒体、广大消费者和第三方机构等社会力量的作用，调动全社会提升质量品牌的积极性，形成推动质量品牌提升的叠加效应和强大合力。

（二）大力提升制造业质量基础体系支撑能力

加强标准、计量、认证认可、检验检测四大国家质量技术基础能力建设，结合国家重大战略部署和地区发展规划，推动质量技术基础服务示范点，为装备制造企业产品、服务质量提升和品牌建设提供质量技术支持“一站式”服务。

（1）加快基础领域急需标准制定。

以破解装备制造业发展瓶颈和加强薄弱环节为突破口，开展关键基础零部件（元器件）核心共性技术标准研究，配套解决基础材料、基础工艺标准短板。重点研究解决影响基础零部件（元器件）产品质量一致性、稳定性、可靠性、安全性和耐久性的关键共性技术。加强“四基”领域产业链上下游相关标准化联动，系统解决设计、材料、工艺、检测与应用标准的衔接问题。以轨道交通装备、大型成套技术装备、工程机械、特种设备对关键原材料和核心基础零部件的需求为重点，以对质量影响较大的关键工序和特殊工序为突破口，加强可靠性设计，提升试验及生产过程质量控制水平，推进新工艺、新材料、新技术的应用，提高装备质量水平。

（2）推进公共检验检测能力建设。

加大对山西省质监系统检验检测技术装备和科研项目的支持力度，引导和推动质监技术机构在智能制造装备、现代物流装备、节能环保装备等领域，加快建设适应超大型、超微型、超高性能装备的检验检测和计量测试技术能力。强化质监技术机构与高校、科研院所和企业研究院的协同创新，开展现代装备制造业中共性检验检测、计量测试、质量监管等方面的科研攻关，形成一批转化应用绩效良好的创新成果。充分发挥质监公共技术服务平台作用，为现代装备制造企业提供质量检验、研发测试、标准制修订、技术性贸易措施应对、咨询培训等综合服务。支持检测平台与科技创新平台联建共用，牵头或参与建设现代装备制造领域省级重大科技创新服务平台。扩大质监技术机构开放实验室范围，为现代装备制造企业提供大型科学仪器设备、检验检测环境设施和质监科研成果支持。

（3）完善计量科技创新应用体系。

建立一批适应山西省现代装备制造业发展的计量基准和计量标准，加强计量传感技术、远程测试技术、仪器仪表核心零（部）件、核心控制技术等研究。完善计量技术规范，发挥部门和行业计量技术规范的作用。加强计量科技创新基地和创新联盟建设，加快构建产业计量服务体系，推动计量军民融合。探索开展工业计量示范工程，推进先进计量技术和方法在装备制造企业应用。推进与“一带一路”沿线国家的国际计量合作，推进计量国际互认，提升校准测量能力。

（4）创新“山西制造”认证模式。

完善强制性产品认证实施环节的生产企业分类管理机制，健全装备制造产品认证工作评估机制，对于风险较高、适宜用强制性产品认证手段管理的产品，适时纳入强制性产品认证目录。按照“企业自主申明+第三方认证+政府监管+社会采信”的思路，支持企业申报“山西制造”认证。鼓励国内外高信誉认证机构开展“山西制造”认证，扎实推进国际互认。强化认证市场监管特别是对“山西制造”认证后的监管，建立认证连带责任制度。加快“山西制造”走出去，支持企业、科研机构和行业组织利用中德智能制造联盟等国际合作平台，积极参与国际技术交流、标准制定、人才培养等务实合作。

（5）打造一流质量人才队伍。

通过开展对装备制造业企业管理人员的标准化和质量管理宣传，促使其重视标准化和质量管理工作。通过开展面向企业工人的标准化宣传和培训，提高其按照标准生产、操作的自觉性，培育精益求精的工匠精神。通过开展面向装备制造业科技研发人员的标准化宣传和培训，提高科技人员标准化工作能力和质量设计水平。依托企业经营管理人才素质提升工程、专业技术人员知识更新工程、国家高技能人才振兴计划等，培养质量和品牌领域管理人员和专业技术人员。探索建立企业和高校、标准化科研机构联合培养人才的机制，为装备制造业发展提供具有标准化和质量工程技术专业背景的学历或非学历教育。加快培养懂专业、懂外语、懂规则的国际标准化人才。

（三）大力提升制造业标准化创新能力

按照需求引领、系统布局的原则，围绕先进制造业和传统优势产业发展需求，推进强制性标准整合精简，优化推荐性标准体系结构，建立适应山西省装备制造业持续发展的标准体系。

（1）加速装备标准与创新的融合发展。

进一步强化山西省装备制造标准与科技创新的衔接，以转型综改示范区为龙头，推动创新型企业和科研院所建设。加大优势行业领域技术标准的研究制定力度，力争在优势产业领域更多地主导或参与社团标准、行业标准、国家标准和国际标准的制修订活动，提升标准话语权。深化省、市科技计划与标准化紧密结合机制，在装备制造项目设计、立项、实施和验收各阶段增加对研发产品的质量稳定性、设备可用性及产品寿命等标准化指标因素，加强关键技术标准研究，促进科技成果、专利技术转化和快速推广应用。围绕装备制造产业创新联盟建设，完善产业技术基础公共服务体系，加强产学研用协同，研制对产业竞争力整体提升带动性强的关键共性技术标准，促进成果转化。结合制造业创新中心建设，聚集装备制造业领域标准化和科技创新资源，重点在工业基础、新材料、新一代信息技术、高端装备制造等领域建立标准创新基地。结合新型工业化产业示范基地建设，开展高端装备制造业标准化试点，推动创新成果应用和产业化，促进装备制造业由大变强。

（2）提升装备制造企业标准软实力。

鼓励企业制定严于国家标准、行业标准的企业标准，建立完善先进的企业标准体系。支持具有较强竞争力的龙头骨干企业承担国际标准化组织专业技术委员会和全国专业标准化技术委员会秘书处工作。支持科技型现代装备制造业企业以自主创新成果为基础，参与特别是主导制修订国际标准、国家标准和行业标准。对主导制修订现代装备制造业国际标准和国家标准的企业，加大技术标准战略专项资金补助力度。加强中小微企业标准化和质量管理能力建设，引导企业建立标准化制度体系，培育标准化和质量意识，促进大众创业、万众创新。根据山西省现代装备制造业标准化发展需要，积极组建相关省级专业标准化技术委员会，推动山西省现代装备制造业建立和完善技术标准体系。推动企业依据标准组织生产和提供服务，引导企业开展对标达标活动。

（3）开展装备制造标准对标升级活动。

推动标准化与现代装备制造业融合发展，优先在现代装备制造产业基地和装备制造重点产业链，组织开展制订和推广实施联盟标准工作，提升产业发展水平。以智慧城市建设项目试点为突破口，带动专用物联网等高端装备制造业快速发展。以智能化、自动化、成台（套）化为主攻方向，开展科技创新、标准研制和产业发展相互协同的企业创新发展模式试点示范，重点支持现代装备制造企业开展采用国际先进标准的技术引进和技术改造。根据市场需求、技术进步、管理要求和目标市场准入条件的变化，在已经建立标准体系的优势产业，开展标准优化提升活动，着力提升标准体系的先进性、科学性、协调性，强化标准对产业的组织化、规模化和集约化的引领和支撑，推动产业发展壮大、可持续发展。

（4）建立标准优先的市场竞争机制。

在装备制造业市场化程度高、技术创新活跃、产品类标准较多的领域，鼓励有条件的学会、协会、商会、联合会等社会团体根据技术创新和市场发展的需求，建立一批产业标准联盟，制定满足市场和创新需要的团体标准，以标准引领产业发展，提升产业竞争力。运用行业准入、生产许可、行政执法、认证认可等手段，促进装备制造业领域节能、节水、环保、技术、安全等标准的实施，坚决淘汰不达标产品，优化产品结构，提升产品品质，提振消费者对“山西制造”的信心。以建立企业产品和服务标准自我声明公开和监督制度为契机，统筹建设企业产品标准信息公共服务平台，加强装备制造企业标准大数据采集，推行企业标准主要技术指标“领跑者”制度试点，形成标准竞争机制。强化对公开标准的事中事后监管和依标准开展监管，及时向社会公开监督检查结果，并将结果纳入企业质量信用记录，推动信用监管和信用约束。鼓励消费者、新闻媒体和社会组织对企业自我声明公开的产品和服务标准的实施进行监督，汇聚多元共治的合力。

（四）大力提升制造业品牌塑造能力

在装备制造领域大力推动“山西制造”向“山西质造”转变，加快培育一批具有核心竞争力的山西特色自主品牌，加大对品牌的推广和保护力度，提升山西省装备制造品牌的市场影响力和占有率。

（1）实施装备制造品牌崛起战略。

积极开展装备制造品牌发展战略研究，搭建相关产业品牌培育和评价公共服务平台，完善促进品牌培育和成长的系列配套政策，成立山西省装备制造质量与品牌数据中心，完善品牌推广、营销和金融服务体系，为发展现代装备制造业提供评价、咨询和决策建议服务。畅通山西省自主装备制造品牌“走出去”的路径，全方位开展品牌培育、品牌管理、品牌推荐、品牌评价等品牌提升行动。建立省、市、县三级品牌联动培育工作机制，共同营造自主品牌成长与发展的良好环境，以现有装备制造产业集群和大型企业集团为载体，率先在具有较强市场竞争力的产品和服务中，启动一批品牌培育试点示范工程。利用各类媒体开展山西装备制造品牌系列宣传推介活动，提升品牌的市场认知度和占有率，为产业、行业和产品品牌提升创造更加有利的社会环境。

（2）深化“山西制造”品牌培育。

建立健全“山西制造”激励机制，完善区域品牌、先进标准、市场认证、国际认同的“山西制造”品牌建设制度体系。引导企业对标国际先进水平，大力开展质量比对、质量攻关，不断提高产品档次和附加值。以行业龙头骨干企业、中小企业“隐形冠军”、行业“单打冠军”、历史经典产业中的老字号为重点，依托“山西制造”品牌促进会等品牌运营机构，开展“山西制造”品牌训练营活动，培育一批省级商标品牌示范企业，推进产业集群区域品牌建设，争创全国知名品牌创建示范区。鼓励有条件的企业注册国际商标、收购国际品牌，鼓励自主品牌加快品牌“走出去”和国际化步伐。扶持一批国际化的品牌培育和运营专业服务机构，提供信息咨询、战略指导、法律支持等服务。开展科学规范权威的品牌评价，推动“山西制造”认证结果的国际互认，提升“山西制造”品牌价值。

（3）打造特色制造品牌建设基地。

依托各级政府和行业主管部门，组织装备制造产业集群、企业集团、特色产品集聚区制定品牌培育计划。一是推动龙头骨干企业做大做强品牌。以金属制品业、通用装备制造业、专用设备制造业、交通运输装备制造业、电气装备及器材制造业、电子及通信装备制造业、仪器仪表及文化办公用品装备制造业七大行业领域为重点，大力培育一批引领现代装备产业发展的品牌骨干企业和一批具有山西特色优势和较强市场竞争力的名牌装备。二是扶持科技型成长型中小企业做专做精品牌。优先扶持一批专业特色鲜明、技术含量较高、配套能力较强、市场前景较好，与现代装备整机集成制造龙头企业开展协同创新、协同制造的从事装备关键部件研制的科技型、成长型中小企业开展名牌创建活动。三是引导生产性服务企业争创服务业品牌。围绕服务型制造发展的要求，优先支持装备工业设计、装备维修检测、装备建设安装、装备售后服务等企业开展新型商业模式创新，争创服务业名牌。四是支持现代装备制造产业集群打造区域品牌。围绕打造国家级及省级装备制造业基地和形成五大传统装备产业、五大潜力装备产业、五大特色装备产业布局，培育一批区域名牌，并优先推荐创建全国知名品牌示范区。

（4）强化自主品牌管理保护机制。

各级政府、行业管理部门和企业组织要将装备制造品牌保护纳入重要议事日程，制定品牌保护的政策措施和管理制度，建立健全品牌保护联动机制，建立有利于品牌成长的市场环境和社会环境，支持品牌发展，维护品牌形象。加大执法打假工作力度，严厉打击侵犯品牌权益的违法犯罪行为，切实维护品牌企业和产品的合法利益。加强对山西省自主品牌境外注册、使用和保护情况的跟踪研究，建立品牌纠纷预警机制和危机管理机制。鼓励企业通过专利申请、知识产权诉讼、商标注册等方式实施品牌保护。

第三节 微观层面

现代装备制造是经济价值重构和创新驱动的主战场，国民经济和社会可持续发展的脊梁。作为国家新型能源和化工基地，山西省具有发展现代装备制造的有利基础。

截至 2015 年底，山西省装备制造规模以上企业 566 家，从业人员 24.3 万人，工业增加值占到山西省工业增加值的 10.44%，资产总计达到 2313 亿元，已经成为继煤炭、冶金之后的第三大支柱产业。但也必须看到，受近年来山西省经济增长低位盘旋、新旧动能转换胶着的影响，山西省装备制造业正处于“涅槃重生”的关键期，结构调整任务艰巨，转型升级正在路上，必须尽快以龙头企业培育为重点，谋划实施一批带动引领作用强的融合发展项目。

以山西惠丰特种汽车有限公司（以下简称惠丰特汽）为例，作为一家集金属加工、焊接、特种汽车改装与设计为一体的现代化装备制造企业，多年来该公司始终坚持以质量管理为核心，积极承接制定国家产品质量标准，深入推进技术创新与核心转化，加快节能环保和资源循环利用技术和装备研发，为促进山西创新驱动、转型升级和供给侧结构性改革做出了积极的贡献。

一、惠丰特汽转型发展的重大举措及现状

惠丰特汽长期致力于现代装备制造的引进、研发与生产制造，产品技术指标稳定，市场声誉良好，赢得了一定的发展空间。但作为订单式生产企业，近年来受到上游能源行业发展放缓、经济下行压力增加的不利影响，公司盈利能力和水平大幅下滑，发展面临严峻考验和巨大挑战。

（一）历史积淀和传承深厚，但当前发展遭遇瓶颈

惠丰特汽始建于1958年，其前身为山西特种汽车制造厂。自20世纪60年代以来就开始研制生产爆破装药机械，是国家现场混装炸药车的开创者和标准制定者，国内配套最完整、品种序列最全的混装炸药车成套装备制造企业，国内一流的爆破装药机械研发中心。惠丰特汽拥有“民用爆破装备制造”和“特种汽车改装”生产资质，是国家民用爆破协会指定的唯一一家民用爆破从业资格培训机构，在惠丰特汽的努力下，我国露天作业炸药混装车技术达到了发达国家先进水平。作为山西省“高新技术企业”，2014年从韩国整车引进了多功能联合吸污车产品，进一步丰富了公司产品系列，也成为国内首批进行多功能联合吸污车技术引进转化的生产制造企业。但由于产品专业化程度高、市场拓展空间狭窄、产业链条较短，产品使用周期长，企业资本运营能力有限、营销服务模式简单等客观原因，公司拳头产品的订单锐减，产值与利润保障能力下降非常严重，2016年公司经营更是跌入历史低谷，甚至无

法维持正常运营，发展前景令人担忧（见表5－13）。

表5－13 2012～2016年惠丰特汽发展主要指标

年份	产值(万元)	投入(万元)	产出(台/套)	利润(万元)
2012	12004	6220	84	2985
2013	5860	3995	46	2849
2014	8713	4754	66	3248
2015	3343	2472	25	46
2016(1～10月)	2996	2453	28	－659

资料来源：由惠丰特汽车提供。

（二）企业步入多元化发展，但单品盈利能力有限

目前，惠丰特汽形成了“非压力容器”“民爆设备”“环保设备”三大产品序列，散装炸药混装车、井下装药车、移动式地面站、固定式地面站、多功能联合吸污车多个产品类别和锅炉、压力容器、装药器、特种汽车改装等多种类型配套辅助设施设备的产品体系。其中，BCRH、BCZH、BCLH系列现场混装炸药车是公司多年苦心经营的拳头产品，多功能联合吸污车是公司为适应多元化发展需要重点引进开发的新兴产品。尽管如此，但企业整体盈利能力并不乐观，且就单品盈利能力也大不相同，2015年度“井下现场混装乳化炸药车”项目盈利水平最高，井下现场混装乳化炸药车收入337.61万元，现场混装乳化炸药车收入916.24万元，现场混装粒状铵油炸药车收入138.46万元。“静态乳化装置”项目次之，其中移动地面站收入492.31万元，固定地面站收入423.50万元。“清洗吸污车”项目作为新引进项目，受市场接受度不高的限制，仅收入444.44万元。主导产品销售的“一蹶不振”，直接导致企业盈利水平的直线下降，对公司的健康发展产生了较大影响。

（三）产品质量和档次高端，但市场拓展不尽如人意

惠丰特汽是国内最早涉足民用爆破装药机械行业的企业。早在20世纪80年代，经国家计委、国家经贸委、机械部批准，从美国引进并通过不断自主创新掌握了先进的混装炸药车核心制造技术，在国内处于技术领先地位，达到发达国家先进水平。目前，公司现场混装炸药车系

列产品不仅国内市场占有率达到85%，在俄罗斯、蒙古、赞比亚、老挝、朝鲜等国外市场具有一定的竞争优势。2014 年多功能联合吸污车技术的引进更是填补了省内的空白，与其他国内同类产品相比，由于采用了固态污染物和污水分离反排技术，最大限度地实现了污水的重复利用，具有明显的节能环保优势，其技术在国内属首创。但客观上看，企业正面临“新老交替、青黄不接”的产品换代尴尬期，混装炸药车国内需求每年不到 2000 辆，多功能联合吸污车品尚处于市场开拓初期，由于单价和维护费用高，市场认可度和竞争力有限。

（四）标准化建设取得突破，但整体研发能力不足

自 2013 年以来，惠丰特汽结合公司产品生产特性，自主组建（电气、液压、焊接、质量性能和爆破）五个实验室，并先后与南理工、华北机电学院和鞍山大学三所院校成立校企合作平台，就关键项目攻关进行强强联手，先后推进井下车乳化炸药车、井下车自动填装起爆具和自动寻孔技术、多功能联合吸污车国产化转化、支撑式基质运输车、铰接式井下车、远程炮孔装填车、静态制乳、装药机定型等重点产品技术创新项目 8 项。目前惠丰特汽共有专利 19 项，其中实用新型 16 项，发明专利 3 项，2015 年共申请专利 8 项，预计 2016 年上半年全部授权；现有软件著作权 1 项；由该企业起草完成的标准共 19 项，其中国家标准 3 项，行业标准 9 项，企业标准 7 项；企业共有商标 6 项；发表论文共 25 篇。但从总体看，企业技术研发能力相对薄弱，关键技术攻关还处于起步阶段，对引进产品的消化吸收步伐较慢。特别是截至 2016 年 6 月底，公司共有职工 282 人，其中科研人员仅有 31 人；有大专以上学历人员 82 人，研究生 2 人，本科 33 人。企业员工学历较低，研发团队建设滞后成为“硬伤”（见表 5 - 14）。

表 5 - 14　　　　惠丰特汽专利授权情况表

授权项目名称	类别	授权日期	授权号	获得方式
乳胶基质敏化剂输送装置	发明	2013. 3. 6	2011101959939	自主研发
清洗吸污车	实用新型	2016. 4. 27	2015208231112	自主研发
一种井下现场混装乳化炸药车	实用新型	2014. 11. 5	2014202396193	自主研发

续表

授权项目名称	类别	授权日期	授权号	获得方式
一种可调速输送与回收输药管的送管装置	实用新型	2013.7.24	2013200121257	自主研发
一种高架式现场混装粒状铵油炸药车	实用新型	2014.11.5	2014202396422	自主研发
高架螺旋输药装置	发明	2014.12.31	2013100087373	自主研发
一种乳化液静态混合器	实用新型	2013.2.13	2012203180089	自主研发
推进式搅拌器	实用新型	2013.3.27	2012200702034	自主研发

资料来源：由惠丰特汽车提供。

（五）行业管理规范性增强，但市场监管更趋严谨

近年来，国家为了进一步规范民爆器材市场经济秩序，提出关停一批安全条件差、管理落后、规模较小的生产、流通企业，建立生产企业直供体系和流通领域物流配送体系，进一步规范市场经济秩序，杜绝无序竞争和违规生产、违法经营行为，以消除事故隐患和改善民爆企业的布局结构。大力推动生产、使用、服务一条龙服务模式，鼓励生产直接为用户服务，减少中间环节出事故的概率，彻底解决非法生产和销售民爆器材的诱因。鼓励发展炸药现场混装技术和设备，提高现混炸药在露天矿和地下爆破作业的应用比例，并提倡具备条件的企业对大型爆破工程实行现场爆破服务，以降低长途运输爆炸危险品的风险。国家对于民爆行业规范、重组、整改等一系列政策为惠丰特汽这样实力雄厚、规范运营的民爆器材生产企业整装企业提供了难得的发展机遇。但同时也必须看到，国家相关规定越来越严的同时也越来越细，工信部等部门要求爆材车辆除 GPS 和行车记录仪外，将全部安装 ABS、前盘后鼓制动系统、80 公里/小时的限速系统等，否则将拒绝为新购车辆进行入户登记。而这些具体要求大多必须由主机厂来完成，爆材车生产企业作为组装企业根本无能为力。目前，对申报新车型的审理工作处于停滞状态，对企业发展的影响不言而喻。

二、主导产品质量优势和发展潜力巨大

多年来，公司坚持致力于现代企业制度建设，不断优化经营管理体

制机制，强化质量过程监控与产品品牌建设，拓宽精益生产与 JIT 服务能力，“非压力容器”“民爆设备”“环保设备”等主导产品科技含量和智能化水平较高，质量和标准化优势明显，发展潜力和空间巨大。

（一）现场混装炸药车技术领先，要继续保持产品在国内的市场占有，大力推进辅助配套设施的研发推广

现场混装炸药车是微型高效可移动的炸药加工厂，集原料运送、炸药混制、装填于一体，具有安全可靠、装填效率高、计量误差小等特点，爆破成本低、爆破效果好。惠特重汽 BCRH、BCZH、BCLH 三种类型的全系车型都装备有超温、超压、断料报警停机等安全保障系统，能够大量提高爆破安全系数、节省投资，降低成本，是实现爆破工艺机械化的关键设备，并先后获得省优、部优称号。其中，BCRH-15 现场混装乳化油炸药车被国务院重大办授予“国家重大技术装备成果二等奖”，国家计委、科委、财政部授予国家“七五”重大科技攻关成果奖。在鞍钢、本钢、平朔等 20 余座大型金属露天矿、煤矿工程，三峡等大型水利、公路工程等爆破作业现场发挥着积极作用。值得一提的是，与现场混装炸药车相配套的地面站辅助设施可实现一点建站，多点配送的服务，是炸药原料贮存和加工半成品的重要设备。其中，固定地面站主要服务于作业时间长的大中型露天矿山，有年生产能力 6000～40000t 多种规格；移动地面站主要服务于时间相对较短的水利、电力、公路等流动性较大的工程爆破作业，有年生产能力 2000～10000t 多个型号。可以预见，这将成为混装炸药车系列产品拓展的重要领域，也是企业未来发展重要的赢利点和增长极。

（二）多功能联合吸污车智能环保，要强化关键技术的消化吸收，将产品质量和技术优势转化为市场优势

惠丰特汽率先引进的多功能联合吸污车，是集高压疏通、冲洗、真空抽吸、污水反排等功能于一体的智能化环保类装备。该产品使用了中国重汽豪沃国四底盘，发动机采用德国 MAN 发动机技术，分动箱采用意大利技术，配备有 8 吨、15 吨等不同处理规格，可以适应不同城镇道路和作业现场的工作要求。与传统环保吸污车相比，由于采取了固态污染物沉降和污水分离反排技术，最大限度地实现了污水的重复利用，工

程噪音污染小，具有明显的节能环保优势，其技术在国内也属首创。企业积极加大产品改进与技术研发，将 10 多项自主创新技术、专利技术和互联网等高新科技应用到多功能联合吸污车中，实现了从传统制造业向高端制造业的飞跃。同时，综合集成技术、模块化生产技术的应用也使产品的经济效益得到大幅提升。按照目前年产 120 台（套）的最低产能和平均 188 万/台的市场最低售价测算，多功能联合吸污车年销售收入达到 2 亿多元，以 10% 的增长能力设定，到 2025 年，惠丰特汽多功能联合吸污车年销售收入将达到 10 亿元。为此，如果这一产品能够得到规模化推广应用，在产生巨大的节能环保效益的同时，也将是山西省实现创新驱动、落地“中国智造”，以高水平开放促进更高质量发展的最佳写照。

（三）生产延伸服务市场空间巨大，要把握好“互联网＋”的发展机遇，占据装备制造“微笑曲线”的高端

生产性服务业是现代服务业的重要组成部分，也是现代制造业发展水平的基本标志之一。围绕多功能联合吸污车自主研发的核心技术能使惠丰特汽在生产服务领域不断拓展壮大、占领，成为集产品制造、技术服务、金融方案解决、劳务派遣输出于一体的新型科技型企业。作为一个科技型制造企业，多功能联合吸污车产品的延伸服务具有巨大潜力。到 2025 年，按照 2000 台的产销量、20% 的维护调试费用、30% 的分期销售或租赁费用、30% 的操作人员派遣服务费用测算，仅多功能联合吸污车服务一项，每年可实现增加值近 8 亿元。此外，基于“互联网＋”对多功能联合吸污车的技术改造、实用设计和远程维护等也将为惠丰特汽带来可观的服务性收入。可以预见，随着多功能联合吸污车市场保有率的不断攀升，惠丰特汽将由生产型企业向生产服务业方向迈出新步伐，有望成为山西省生产性服务行业的“一面旗帜”。

三、进一步加快创新发展、推进装备质造的对策建议

落实《中国制造 2025 山西行动纲要》精神，抓紧抓好国家供给侧结构性改革的重大机遇，通过政策引导和制度创新，依托惠丰特汽这样的行业领军企业和知名品牌，切实提升自主创新能力、推进两化深度融合、强化质量品牌建设，将山西省打造成为特色鲜明的中西部制造高地。

（一）支持惠丰特汽尽快建设成为高水平的装备技术研发中心

充分发挥企业作为国家现场混装炸药车标准制定者的优势，在政策框架范围内，省政府有关部门和长治市政府给予倾斜支持，进一步加大对现场混装炸药车及地面辅助设施工程技术研究中心的后续投入，同时将联合吸污车技术创新能力建设作为重要的新突破口，投资建设省级“环保装备技术创新基地”，打造集校企合作、技术研发、技术产权交易、技术产权转化、人才培养、创业孵化、产业化应用为一体的技术平台。将多功能联合吸污车项目纳入长治市“十三五”重点项目库和专项规划范围，给予财政补贴、金融担保、税收优惠等政策支持，有效增强企业发展的动力和活力。

（二）对多功能联合吸污车项目给予政策倾斜和重点扶持

生产要素对于产业的发展有着基础性和决定性的作用，因此，解决企业装备升级所需资金问题、改善企业投资能力不足的现状，对扩大品牌影响、提高产品竞争力有重要作用。省市有关部门应在专项规划、市场推广和重大项目建设等方面给予相应的支持和帮扶，使惠丰特汽能够轻装上阵、迅速做大做强，在山西省转型跨越发展中发挥更大的作用。一方面，要出台推广使用多功能联合吸污车的实施细则。借鉴山西省政府《关于推广应用高效节能环保煤粉锅炉工程实施意见的通知》，山西省人民政府办公厅《关于加快推进电动汽车产业发展和推广应用的实施意见》《电动汽车产业发展和推广应用2016年行动计划》和山西省财政厅、山西省经济和信息化委员会关于印发《新能源汽车营销补助资金管理办法》的通知等相关推广经验，将多功能联合吸污车作为实施城乡环卫工作，科技化、机械化的核心产品，在山西省范围内进行系统推广。另一方面，及时出台具体的实施意见和实施细则，明确各地市环保吸污车替代标准、应用布局等重要指标，将联合吸污车推广纳入各地市生态环境改造规划和方案，全面推动山西省多功能联合吸污车使用工作的有序开展。

（三）进一步拓宽融资渠道，强化企业资本运营的能力和品牌竞争力

装备制造业具有初期投入大、生产周期长、生产环节多、对其他相

关企业带动性强的特点，惠丰特汽所生产的现场混装炸药车和联合吸污车系列化产品，单台产品价值高，但是前期研发费用较高，在当前市场低迷的情况下，样车生产、有效营销等对资金占用都较大，给公司财务运转带来一定压力，也给后续的技术创新制造了门槛。一方面，政府应积极给予财政支持，在利息补贴和税费补贴外，可对企业设备更新和固定资产折旧也给予一定的补贴。另一方面，政府要发挥好宏观调控的作用，注重营造良好的融资环境，充分发挥金融市场作用，积极引导进而帮助企业向上市方向发展，多角度提高企业资金实力。

（四）突出资源优化配置的导向作用，加快形成以惠丰特汽为核心的产业集群

产业集群是产业布局的一种优化形式。在这种布局形式下，各种生产要素围绕核心产品或领域实现了专业化生产并获得了原料、技术、人才、信息等的集聚优势，减少了企业生产、销售的信息不对称性，有利于提高集群企业的整体生产效率，发挥规模经济效应。为此，要以惠丰特汽为核心，进一步优化资源配置、提供优惠政策，不断改善企业园区内的硬件、软件环境，由政府牵头，完善建立政、产、学、研协同创新合作机制，帮助建立专家库，为企业提供点对点的专业人才帮扶，组织高水平的定期研讨，建立相对稳固的各项专业团队，提升企业的专业水平，积极引导发展成为装备制造业产业集群，促进企业创新资源共享、有利于发挥产业集聚优势，更好地为山西省经济建设服务。

第六章

质量强省的构想及建议

质量发展是兴国之道、强国之策，也是一个地区综合实力和核心竞争力的集中体现。质量问题是经济社会发展的战略问题，关系可持续发展和人民群众切身利益。

第一节　重大意义

“十三五”时期是山西省全面建成小康社会的决胜阶段，是深入推进“一个指引、两手硬”重大战略的攻坚时期，也是推进质量发展、建设质量强省的重要战略机遇期。省委、省政府着眼经济社会发展全局，明确提出加快建设质量强省的奋斗目标。我们要从战略和全局的高度，深刻认识进一步做好质量工作的重大意义，切实增强责任感、使命感和紧迫感，采取更有效的措施，下更大的力气，以发展理念转变引领发展方式转变，以发展方式转变推动发展质量和效益提升，推动山西省加快迈入“质量时代”。

一、加快质量强省建设是落实中央决策部署的重要举措

党的十八大以来，质量作为经济社会发展的战略性问题，得到了前所未有的高度重视。党的十八大强调“要把经济发展的立足点转到提高质量和效益上来”，国务院《质量发展纲要》提出“建设质量强国”重大战略，从兴国之道、强国之策、发展之基的战略高度部署质量发展工作。习近平总书记要求，提升质量要做到“三个转变”：“推动中国制

造向中国创造转变、中国速度向中国质量转变、中国产品向中国品牌转变。”李克强总理强调，“要把注意力放在提高产品和服务质量上来，牢固确立质量即是生命、质量决定发展效益和价值的理念，把经济社会发展推向质量时代”。这些指示和要求为新时期质量工作指明了方向、目标、任务和路径，为我们在全面建成小康社会决胜阶段，面对经济新常态的种种挑战做好质量工作、加快质量强省建设提供了基本遵循和行动指南。我们要从战略和全局高度深刻理解中央精神，切实把思想和行动统一到中央的认识和判断上来，坚定不移走质量强省之路，抓发展必抓质量，抓改革必抓质量，认真做好质量工作的分解落实和督促检查，采取切实有效措施，努力开创质量强省工作新局面。

二、加快质量强省建设是推进供给侧结构性改革的内在要求

近年来山西省质量水平明显提升，质量工作取得积极成效，但质量发展仍面临一系列新的突出矛盾和问题。比如基础依然薄弱，质量供需矛盾仍很突出，等等。表面看是速度、总量问题，根子还是结构问题。从质量入手狠抓供给侧结构性改革的任务成为迫切需求。加快质量强省建设是供给侧结构性改革的一个重要突破口，既是抓当前的紧要之策，更是谋长远的战略之举。加快质量强省建设，就是用改革的方法推动产业结构转型升级，矫正要素配置扭曲，提高供给体系质量和效率，全面提升产品、工程、服务质量水平和全要素生产率，增加中高端产品和优质服务供给，减少无效和低端供给，提高供给结构对需求变化的适应性和灵活性。加快实现发展方式从规模速度型粗放增长向质量效益型集约增长转变、发展要素从传统要素主导向创新要素主导转变、产业分工从价值链中低端向中高端转变、产品结构由单一低质低效向多样高质高效转变，更好地满足广大人民群众的需要，打造经济发展的新动力，推动山西从“速度时代”向“质量时代”的转变。

三、加快质量强省建设是保障和改善民生的迫切需要

现阶段山西省质量发展的基础比较薄弱，在一些产品和服务上还不能充分满足人民群众的质量高、品牌优的要求，不能充分满足人民群众

日益增长的多样化、多层次的需求，特别是不少产品还存在着严重的质量安全隐患。新时期，人民群众对就业、教育、文化、社保、医疗、住房等公共服务的高质量需求更为旺盛。质量水平上不去，安全风险降不下来，就难以实现有质量和效益的发展，就难以实现山西经济的升级版，就难以让广大人民群众满意。要坚持以人为本、质量惠民，下大力气解决好与人民群众利益相关的质量安全、质量品牌问题，满足好多元化、个性化需求，以质量的提升“对冲”速度的放缓，树立竞争优势，以高质量的产品、工程、服务不断提升区域影响力、美誉度和人民群众幸福感。

第二节 总体要求

一、指导思想

以党的十八大和十八届三中、四中、五中、六中全会精神为指导，按照“四个全面”战略布局和党中央、国务院决策部署，牢固树立创新、协调、绿色、开放、共享的发展理念，主动适应和引领经济发展新常态，紧紧围绕“三个转变”重要论述，以建设质量强省为目标，以推动供给侧结构性改革为主线，以提高发展质量和效益为中心，以深化改革为动力，以发展理念转变引领发展方式转变，以发展方式转变推动发展质量和效益提升，加快实现山西制造向山西创造转变、山西速度向山西质量转变、山西产品向山西品牌转变，推动山西加快迈入“质量时代”，为高水平全面建成小康社会提供有力支撑和强劲动力。

二、基本原则

——企业主体，政府引导。坚持市场主导，充分发挥市场在资源配置中的决定性作用，强化企业质量主体地位，激发企业活力和创造力。更好地发挥政府引导作用，加强顶层设计和规划引领，大力推进简政放权、放管结合、优化服务，营造质量发展良好环境。

——深化改革，创新驱动。把改革创新作为实施“质量强省”战略的根本动力，紧紧围绕改革重点、难点问题，加大推进简政放权、放管结合、优化服务改革力度，破除制度性障碍，取消市场准入限制，提升自主创新能力，促进转型升级，最大限度释放质量改革红利。

——社会共治，依法监管。在山西省营造齐抓共管质量工作的社会氛围，加快构建政府监管、市场调节、企业主体、行业自律、社会参与，“放、管、服”相结合的大质量工作格局。加强质量法治建设，严格依法行政，规范执法行为，强化事中事后监管，不断提高监管的针对性、有效性。

——统筹兼顾，突出重点。统筹山西省质量工作，深化质量工作职能整合、业务融合。坚持整体推进和分类指导相结合，紧紧抓住牵动全局的主要工作、事关长远的重大问题、关系群众切身利益的紧迫任务，突出抓好重大活动、重点工程、重要项目，全力保障各项重点任务的落实。

第三节 发展模式

贯彻落实《山西省人民政府关于质量发展纲要（2011～2020年）的实施意见》和《山西省贯彻实施质量发展纲要2016年行动计划》，加强供给侧结构性改革，以提高发展质量和效益为中心，以“质量提升、标准引领、品牌标杆、企业创新”四大质量工程为抓手，以“质量基础、风险防控、诚信管理、社会共治、法规制度”五大质量体系为支撑，以把山西经济社会发展推向质量时代为目标，着力解决质量发展中的突出问题，充分发挥质量在推动产业优化升级，促进经济社会发展中的重要作用，为不断塑造山西美好形象、逐步实现山西振兴崛起提供有力支撑。

以提高发展质量和效益为中心。党的十八届五中全会把“以提高发展质量和效益为中心”写进了“十三五”时期我国发展的指导思想。我们必须把思维方式、工作方法、政策措施切实转到以提高质量和效益为中心上来，紧紧围绕质量和效益定目标、出政策、上项目，更加注重企业效益、民生效益、生态效益。

以四大质量工程为抓手。加快推动供给结构优化升级，适应引领需求结构变化趋势，大力实施“质量提升、标准引领、品牌标杆、企业创新”四大质量工程，增品种、提品质、创品牌，不断把质量强省建设推向深入。实施质量提升工程，就是要全面实施消费品、服务业、工程质量提升工程，推动供给质量和供给能力全面提升，以供给结构优化升级，适应引领需求结构变化趋势。实施标准引领工程，就是要发挥标准对质量提升的引领作用，合理规划标准体系布局，大力推进标准化试点示范建设，组织开展“标准化+”行动，鼓励企业推行更高质量标准。实施品牌标杆工程，就是要加快制定山西省品牌发展规划（2016~2020年），发挥品牌标杆作用，提高各类组织质量管理水平，树立一批卓越绩效管理标杆，更好地推动供给结构和需求结构升级。实施企业创新工程，就是要把技术创新作为提升产品和服务质量的重要途径，把管理创新作为提高质量的重要支撑，把人才培养作为质量创新的重要保障，全面推进企业创新工程。

以五大质量体系为支撑。质量工作系统性、规范性、技术性很强，离不开硬实力的支持和软环境的保障。只有夯实基础、打牢根基，质量发展才不是无本之木。要充分发挥市场决定性作用、企业主体作用、政府推动作用和社会参与作用，全面构建“质量基础、风险防控、诚信管理、社会共治、法规制度”五大支撑体系，为山西省加快质量强省建设提供有力保障。夯实质量基础体系，就是要筑牢计量、标准化、认证认可、检验检测、知识产权等质量发展基础，保持体系相对独立、系统和完整。建立风险防控体系，就是要着力健全各级政府负总责、监管部门各负其责的质量安全风险防控体系，切实增强事前防范、事中控制和事后处置能力，保障质量安全。健全诚信管理体系，就是要切实强化质量信用管理，建设完善省信用信息共享平台，推行质量信用奖惩制度，鼓励中介机构开展企业信用和社会责任的第三方评价。构建社会共治体系，就是要加快构建政府监管、市场调节、企业主体、行业自律、社会参与，“放、管、服”相结合的大质量工作格局。完善法规制度体系，就是要加强质量法治建设，抓紧制定一批适应山西省经济社会发展的质量法规政策，建立健全科学规范的质量绩效考核评价体系。

以把山西经济社会发展推向质量时代为目标。就是要通过打造山西创造、山西质量、山西品牌，不断满足人民日益增长的质量需求，推动宏观经济整体和微观产品服务的质量“双提高”。

第四节　重点任务

加快推动供给结构优化升级，适应引领需求结构变化趋势，大力实施“质量提升、标准引领、品牌标杆、企业创新”四大质量工程，增品种、提品质、创品牌，不断把质量强省建设推向深入。

一、实施质量提升工程

以产品、服务和工程质量为抓手，创新质量供给，推动供给质量和供给能力全面提升，不断满足人民群众日益增长的质量需求。

一是组织实施消费品质量提升工程。按照国务院常务会议关于促进消费品工业增品种、提品质、创品牌的部署，以空气净化器、电饭煲、智能马桶盖、智能手机、玩具、儿童及婴幼儿服装、厨具、家具、复混肥、轮胎等消费者普遍关注的消费品为重点，开展改善消费品供给专项行动，引导企业树立质量为先、信誉至上的经营理念，立足大众消费品生产推进“品质革命”。实施出口食品竞争力提升工程。建设质量技术基础公共服务平台，培育标准化服务、品牌咨询、质量责任保险等新兴质量服务业态，为消费品生产企业和各类科技园、孵化器、创客空间等提供全生命周期质量技术支持。

二是开展服务业质量提升专项行动。组织开展银行业、现代物流业、移动通信业、零售（超市）、旅游（导游、旅行社）、养老服务业（机构养老）六大服务业社会满意度调查并发布调查结果。依托“重大新药创制”专项，推进新药研发质量与品牌提升。开展提升医疗质量专项工作。贯彻落实《山西省物流业发展中长期规划（2015～2020年）》，结合物流业“降本增效”专项行动，全面提升物流服务水平。推动银行业金融机构提升服务质量，加大对金融消费者的保护力度。开展车用汽柴油产品质量提升行动，对成品油质量进行专项监督检查。开展含挥发性有机物涂料质量标准提升行动。全面提升农产品质量安全等级，大力发展无公害农产品、绿色食品、有机农产品和地理标志农产品，增加优质农产品供给。

三是实施工程质量提升工程。牢固树立“百年大计、质量第一”理念，加强建设、勘察、设计、施工和监理各环节质量控制，推进优质工程建设。全面落实工程质量终身责任制，完善工程质量终身责任制追溯机制。落实“两书一牌一档”制度，对在工程设计使用年限内，因工程建设期内违反工程质量管理规定，造成质量事故和严重质量问题的，依法追究建设、勘察、设计、施工、监理、图审、检测七方主体相应的质量责任。不断强化施工质量过程管控，严格执行建设工程勘察、设计管理要求，实施施工现场质量标准化管理，深入推进住宅工程质量常见问题防治工作。切实提升监理服务质量水平，多元化推动建设监理转型升级。发挥工程质量监督机构作用，强化工程质量监督检查，健全“网格化”监管机制，确保全覆盖、无缝隙监管。开展在建重点公路项目和隧道工程质量安全综合督查，加强公路波形梁钢护栏产品质量监督抽查。加强水利工程质量隐患排查，规范市场主体质量管理行为。

二、实施标准引领工程

发挥标准对质量提升的引领作用，合理规划标准体系布局，大力推进标准化试点示范建设，满足产业结构调整、服务品质升级、社会治理创新和对外经贸合作的需要。

一是健全地方标准体系。贯彻《国家标准化体系建设发展规划（2016～2020年）》，制定实施山西省标准化事业发展规划加大标准实施监督和评估力度，加强对强制性和推荐性地方标准的清理工作。开展标准的复审、适应性评价及标准制修订的全过程管理，及时淘汰落后标准，保证地方标准制修订的质量。逐步形成政府引导、市场驱动、社会参与、协同推进的标准化工作格局。健全山西省政府标准化协调推进厅际联席会议制度，完善标准化工作体制机制，增强标准化服务能力。提高相关产品和服务领域标准水平，重点扶持一批具有行业影响力、运行规范、消费者认可的社会团体制定团体标准。推动“山西标准”与国际国内标准接轨，提高市场“话语权”，满足创新发展对标准多样化的需要。健全技术创新、专利保护与标准化互动机制，及时将专利和先进技术转化为标准。

二是组织开展“标准化+”行动。发挥标准化在产品、服务和工程质量等领域中的支撑引领作用。

"标准化+产品"。加强消费品领域科技、专利、标准一体化研究，鼓励将拥有自主知识产权的关键技术纳入标准，推动技术创新、标准研制和产业化协调发展。建立绿色产品标准、标识与认证信息平台，公开发布相关政策法规、标准、规则程序、认证结果及采信信息。在重点行业制定碳排放管理等标准，引导绿色低碳消费。

"标准化+服务"。全面深化服务业企业标准管理制度改革，建立标准分类监督机制以及标准实施的监督和评估制度，提高服务业标准化水平。构建覆盖山西省电子商务主要领域和主要环节的电子商务标准体系，基本形成适应山西省电子商务发展的标准化运行机制。

"标准化+工程"。结合现行标准体系，加强工程技术和工程管理标准研制，加快基础性通用标准、标准设计研究，构建部品与建筑结构相统一的模数协调系统，实现建筑部品、住宅部品、构配件系列化、标准化、通用化。

三是鼓励企业推行更高质量标准。鼓励企业制定并实施高于国家标准、行业标准、地方标准的企业标准，支持具有核心竞争力的专利技术向标准转化，增强企业市场竞争力。建立企业标准领跑者制度，引导消费者更多选择标准领跑者产品，满足市场对高品质产品和高质量服务的消费需求。研究制定《山西省企业产品和服务标准自我声明公开和监督管理办法》，加快推进阳泉、临汾两市开展全国企业产品标准自我声明公开和监督制度试点。逐步取消政府对企业产品标准的备案管理，落实企业标准化主体责任，提高企业改进质量的内生动力和外在压力。鼓励山西省优势骨干企业、科研机构积极参与国际标准化活动，深化与"一带一路"沿线国家和地区标准化合作。

三、实施品牌标杆工程

认真贯彻落实《山西省发挥品牌引领作用推动供需结构升级的实施方案》，加快制定山西省品牌发展规划（2016~2020年），发挥品牌标杆作用，提高各类组织质量管理水平，树立一批卓越绩效管理标杆，更好地推动供给结构和需求结构升级。

一是加大对品牌标杆企业的支持力度。贯彻实施商标品牌战略，鼓励企业提升品牌意识，实施品牌战略。支持有条件的企业注册国际商标、收购和租用国际品牌，兼并国外品牌企业。继续做好工业企业品牌培育、产业集群品牌培育试点示范工作。积极推广卓越绩效管理模式等先进管理方法，提升经营质量，打造永续经营的百年老店。指导企业加强品牌文化建设，强化品牌研究、品牌设计、品牌定位和品牌沟通，完善品牌经营管理体系。实施消费品精品工程，加强省内消费品高端品牌的广告策划和宣传推广。加大对山西省“中国质量奖提名奖”获奖企业宣传力度，引导企业争创中国质量奖。指导各市做好政府质量奖励工作，构建国家、省、市三级质量奖励机制，研究将山西省质量奖评选范围扩大至工程、服务质量领域，充分发挥政府质量奖的评价导向作用。

二是加强产业品牌建设。围绕山西省优势和潜力产业，在产业集群区开展区域品牌建设试点工作，形成一批对产业发展影响大、区域经济发展带动力强、市场扩张能力强、产品质量诚信度高的企业和集群。积极营造“树标杆、学标杆、超标杆”的良好企业氛围，引领并带动一批重点企业对标一流，择优推荐企业申报全国质量标杆企业。引导和鼓励山西省企业参与制造业创新中心建设工程、智能制造工程、工业强基工程、绿色制造工程和高端装备创新工程。开展服务业品牌建设，以金融、物流、信息、旅游、文化、商务等现代服务业为重点，引导培育一批知名品牌服务企业。开展建筑产业现代化品牌建设，培育一批具有山西特色和现代化特征的建筑品牌。支持农产品商标、农业服务商标及地理标志证明商标、集体商标的注册和运用，加快产业集群和特色农产品经营向区域品牌经营升级。积极参与全国旅游服务质量标杆单位遴选活动。引导行业协会（商会）发挥培育企业品牌、开展行业调查、制定行业技术标准、跟踪发布名牌信息等方面的服务作用。

三是打造区域品牌标杆工程。推荐一批特色明显、效益突出、品牌带动力强、产业聚集度高的经济技术开发区、自主创新示范区、高新技术产业园区积极申报“全国质量强市示范城市”“全国知名品牌示范区”“产业集群区域品牌建设示范区”。积极推进“山西省知名品牌创建示范区”创建工作，在山西省建设一批具有影响力和知名度的示范区，提升区域和产业质量水平。做好汾阳市白酒集中产区等6家获国家质检总局批准筹建全国知名品牌创建示范区的创建指导工作。对山西省第一家通过知名品牌示范区现场考核与验收的云冈旅游区做好宣传和帮扶工作。支持培育一批地理标志示范产品，提升地理标志产品品牌效应。统筹推进地理标志产品保护评定和制度建设。积极参与全国创建社会信用体系建设示范城市、国家农产品质量安全县、质量安全示范区创建活动。推进林业标准化示范基地建设。开展企业品牌培育、产业集群区域品牌建设试点示范等活动，提升企业品牌培育能力和产业集群区域品牌建设水平。

四是加强品牌推广和保护。结合“一带一路”倡议，推动行业协会（商会）、企业开展“山西品牌中华行”“山西品牌丝路行”“山西品牌网上行”系列活动，扩大山西品牌的影响力。扶持一批国际化的品牌培育和运营专业服务机构，提供信息咨询、战略指导、法律支持等服务。鼓励企业积极参与“中国商标金奖”评选、中国国际商标品牌节等活动。加快培育一批具有核心竞争力的山西特色自主品牌，加强商标注册、运用、保护和管理，推动商标、字号和域名一体化注册保护，提升山西品牌的市场影响力和占有率。发挥行业协会自律作用，推动建立企业自我保护、行政保护和司法保护三位一体的品牌保护体系。严厉打击制售假冒伪劣、侵犯知识产权特别是侵犯驰名商标、省名牌产品、著名商标专用权等违法行为，保护企业合法权益，净化企业品牌发展市场环境。

四、实施企业创新工程

把技术创新作为提升产品和服务质量的重要途径，把管理创新作为提高质量的重要支撑，把人才培养作为质量创新的重要保障，全面推进企业创新工程。

一是积极推动质量技术创新。建立健全以企业为主体、市场为导向、产学研相结合的质量技术创新体系。围绕战略性新兴产业领域，开展质量攻关，攻克一批影响质量提升的关键共性质量技术。建立工业技术改造重点项目库，加大对制造业企业质量技术改造的支持、引导力度。在重点工业领域推广可靠性设计、试验与验证以及可制造性设计等先进质量工程技术。广泛开展质量改进、质量攻关等多种形式的群众性创新活动，推动质量技术万众创新。加强企业研发机构建设，推动更多企业工程技术研究中心、重点实验室升级为国家级创新平台。支持重点企业瞄准国际标杆企业，创新产品设计，优化工艺流程，加强上下游企业合作，提高科技含量尽快推出一批质量好、附加值高的精品，促进制造业升级。

二是大力推动质量管理创新。开展质量标杆示范、质量比对、顾客满意度提升等专项行动，引导企业内部挖潜、降本增效。鼓励企业采用先进的管理制度和先进标准，提高质量在线监测控制和产品全生命周期质量追溯能力。引导企业应用精益生产、六西格玛、卓越绩效管理等先进质量管理技术和方法。指导大型企业采用卓越绩效管理等与国际接轨的质量管理模式，树立质量发展标杆。鼓励骨干企业开展 QC 小组（质量管理小组）、“五小”（小建议、小革新、小攻关、小发明、小创造）、质量信得过班组等活动。完善首席质量官制度，提高企业内部质量规划、管理和监督水平。在各类组织中，推广应用政府质量奖获奖者的质量管理方法和模式，支持开展质量现场诊断、质量标杆经验交流等活动。落实产品强制召回和工程质量终身负责制度。推行产品质量安全责任保险制度，鼓励投保企业应保尽保，扩大产品质量安全责任保险覆盖面。

三是夯实创新人才基础。大力提高劳动者职业技能，弘扬工匠精神。引导企业把工匠精神和企业家精神纳入质量文化建设，使工匠精神成为企业决策者、经营者和全体员工共同的价值取向和行为准则。探索建立“山西工匠”评选机制，塑造精益求精、追求质量的“工匠精神”，培育有质量精神、有专业素养、责任心强的职业队伍。深入实施国家高技能人才振兴计划和山西省高技能人才开发工程，推进国家及省级高技能人才培训基地、技能大师工作室建设项目。在重点行业开展质量素养提升行动，广泛开展职业技能竞赛、岗位练兵和质量标兵等活动，鼓励企业员工学习新知识、钻研新技术、使用新方法，加快培养山西省产业转型升级急需紧缺高技能人才。鼓励高等院校加强质量学科建设，培养质量人才。在职业院校广泛开展质量教育，强化面向企业的技能培训，组织山西省职业院校技能大赛。

第五节　支撑体系

质量工作系统性、规范性、技术性很强，离不开硬实力的支持和软环境的保障。只有夯实基础、打牢根基，质量发展才不是无本之木。要充分发挥市场决定性作用、企业主体作用、政府推动作用和社会参与作用，全面构建“质量基础、风险防控、诚信管理、社会共治、法规制度”五大支撑体系，为山西省加快质量强省建设提供有力保障。

一、夯实质量基础体系

加强计量、标准化、认证认可、检验检测、知识产权等质量基础体系建设是质量发展的长远之计和固本之策。要坚持改革创新，加强政策引导，夯实质量基础体系，为山西质量的健康发展奠定扎实基础。

一是加强质量计量工作。发挥计量在质量控制中的基础作用，深入贯彻落实《山西省人民政府关于计量发展规划（2013～2020年）的实施意见》。（晋政发〔2013〕33号）紧跟国际和国家前沿计量科技发展趋势，围绕经济社会的计量需求，着力健全计量科技创新体系、计量服务体系和计量监管体系，不断提升计量工作的科学化、法制化水平。按照国家统一部署，推进先进计量技术和方法在企业的广泛应用。支持企业建立各类计量实验室，对做精做专做强的，可优先列入国家和省级企业技术中心认定扶持范围。鼓励企业结合实际需要建立计量标准，依法对其内部使用的计量器具开展检定。以器具为重点，进一步完善量传溯源体系和计量检定工作体系。

二是深化标准化改革。认真落实《国务院深化标准化工作改革方案》《国家标准化体系建设发展规划（2016～2020年）》和《山西省人民政府关于进一步推进标准化工作改革发展的实施意见》，围绕山西特色优势产业，抓紧组建高端装备制造、煤层气、新材料、文化旅游、特色农业等重点领域标准化专业技术委员会，加强标准化发展战略前沿技术研究，增强山西标准的话语权和影响力。培育标准化事务所，为企业特别是中小企业提供标准信息、标准体系构建、标准编制及标准化技术解决方案等服务。完善地方标准制（修）订机制，开展标准的复审、适应性评价及标准制（修）订的全过程管理，及时淘汰落后标准，保证地方标准制（修）订的质量。提升标准国际化水平，鼓励山西省优势骨干企业、科研机构积极参与国际标准化活动，深化与“一带一路”沿线国家和地区标准化合作。

三是强化认证认可体系。进一步培育和规范认证、检测市场，深化对认证机构、检测机构、获证组织、获证产品的监管管理。推动认证机构开展能源管理体系认证、绿色认证等自愿性认证，促进资源能源节约和产业结构优化升级。政府优先采购绿色产品，支持绿色技术、产品研发和推广应用。搭建公共检验检测认证服务平台，为各行各业提供基准统一、通用开放、权威可信的资质评价服务与管理保障。发挥强制性产品认证制度的市场准入作用，督促山西省纳入强制性产品认证范围的生产企业全部申请认证。加强对检测质量安全风险源和危害性分析，健全能力验证结果通告和处理制度。加强证后监管，建立对从业机构和人员、获证企业及产品的全方位监督检查，切实保障人身健康、财产安全和消费者的合法权益。

四是加强检验检测建设。优化检验检测资源配置，探索推进检验检测认证机构跨区域、跨行业整合。配套建立一批国家级质检中心，建设提升一批融合检验检测、研发中试、标准汇聚、人才汇集、培训咨询功能的公共检测服务平台。打破部门垄断和行业壁垒，鼓励不同所有制形式的技术机构平等参与市场竞争。加快具备条件的经营性检验检测认证事业单位转企改制，推动检验检测认证服务市场化进程。充分运用互联网、大数据、云计算等技术手段创新机制和模式，推进检验检测服务业信息共享平台建设。围绕培育战略性新兴产业、优势传统产业转型升级和质量安全保障需求，建设一批技术有特长、服务有特色的公共检测服务平台，形成科学、公正、权威的第三方检验检测体系。

五是实施知识产权战略。全面提升山西省质量技术创新领域的知识产权创造、运用、保护、管理和服务能力，为着力推进供给侧结构性改革，培育发展新动能，加快产业转型升级提供强有力支撑。完善以企业为主体、市场为导向、产学研相结合的知识产权创造体系。加强知识产权各部门间的协作与沟通，建立联合查办督办等工作制度。健全知识产权维权援助网络，加强快速维权援助，建立和完善知识产权保护举报投诉和相关奖励制度。依法完善知识产权纠纷调解机制，推进知识产权纠纷社会预防与调解工作。建设山西省知识产权公共服务平台，推进专利、商标、版权、集成电路布图设计、植物新品种等知识产权基础信息资源的传播利用与开放共享。建设特色化省、市、县三级公共服务网络，开展信息分析研究、转移转让、价值评估、风险预警、创业辅导和实务培训等服务。

二、建立风险防控体系

质量既是“产”出来的，也是“管”出来的。加强质量监管，要紧紧依靠深化改革，创新监管方式，强化监管手段，健全监管体系，提高监管的针对性、有效性。着力健全各级政府负总责、监管部门各负其责的质量安全风险防控体系，切实增强事前防范、事中控制和事后处置能力，保障质量安全。

一是完善质量安全风险管理工作机制。制定覆盖风险信息管理、风险监测、风险评估、风险处置等环节的产品质量安全风险监控工作管理办法，提升风险防范和应急处置能力。做好行政执法与刑事司法的有效衔接，建立健全联动协调机制，为质量安全监管提供法治保障。加快建设覆盖食用农产品、食品、药品、农业生产资料、特种设备、危险品等重要产品的追溯体系，逐步提升社会公众对追溯产品的认知度和接受度。探索建立产品质量溯源、缺陷产品召回管理与监督抽查工作衔接机制。充分运用大数据等技术手段，建立产品伤害监测和服务质量监测制度，定期分析评估质量状况。建立商品质量惩罚性赔偿制度。

二是加强重点领域质量安全监管。加强对重点产品、重点行业和重点地区风险监测和分析评估，全面推开“双随机、一公开”监管制度。制定重点监管产品目录，对关系国计民生、健康安全、节能环保等重点产品、重大工程和重点服务项目实施分类监管、精准监管。对目前山西省 40 家具备产品质量检验资质的检验机构承担的政府监督检查工作质量进行分类监管，根据工作质量考核情况划分为Ⅰ类、Ⅱ类、Ⅲ类、Ⅳ类四个类别，Ⅱ类以上可以承担国家监督抽查工作，Ⅲ类以上可以承担省级监督抽查工作。重点产品日常抽查为主、节令产品专项抽查和风险产品随机抽查，抽查结果及时予以公开。加强儿童用品、家用电器等日用消费品质量监督抽查。加强对学校及周边食品安全的监管，有效防范校园食物中毒事件发生。加快构建电子商务产品质量安全风险防控和查处机制。开展医疗器械专项执法行动，整治医疗器械注册、生产、流通和使用环节存在的突出问题。加强出入境商品质量风险监测和疫情防控，提高进出口商品质量水平。加强锅炉、电梯、大型游乐设施等特种设备的安全监察和更新改造。督促风景名胜区管理机构加强游览安全管理，防范事故发生。

三是严厉打击质量违法行为。严厉查办制假售假大案要案，严厉打击危害公共安全、人身健康以及生命财产安全等质量违法行为，严厉查办利用高科技手段从事质量违法活动。严厉打击质量违法和侵权盗版行为，推进知识产权执法维权“护航”专项行动、“质监利剑”和“双打”专项打假行动。严厉打击非法添加有毒有害物质、屠宰病死猪、制售假劣农资等违法犯罪行为。打击严重扰乱旅游市场秩序的“黑社”“黑导”“黑网站”“黑车”。深化食品药品重点领域专项整治，严打行业潜规则。认真落实房屋建筑和市政基础设施工程质量终身负责制，全面落实“两书一牌一档”制度，对在工程设计使用年限内，因工程建设期内违反工程质量管理规定，造成质量事故和严重质量问题的，依法追究建设、勘察、设计、施工、监理、图审、检测七方主体相应的质量责任。

三、健全诚信管理体系

质量诚信是涉及人民群众切身利益的重大问题，更是关系经济社会发展的重大战略问题。要紧紧围绕增强企业诚信意识，以企业质量档案为基础，以产品质量记录为重点，进一步建设完善省信用信息共享平台，推行质量信用奖惩制度，鼓励中介机构开展企业信用和社会责任的第三方评价。

一是建设完善省信用信息共享平台。将质量信用体系纳入社会信用体系建设范畴，加快建立以组织机构代码为基础的法人和其他组织统一社会信用代码制度。加快归集、整合包括产品质量、知识产权、水利工程、公路水运、涉旅企业、进出口食品境外生产企业等在内的信用信息，实现部门间信息互联互通、档案互认。建设进口食品境外生产企业质量信用体系试点，完善追溯信息共享。开展山西省公路水运建设市场主体信用评价，治理工程设计变更违规行为和围标串标问题。加快工业产品生产企业和商贸流通领域企业质量信用体系示范工程建设。

二是推行质量信用奖惩制度。加强质量信用分类管理，在政府采购、工程招投标、银行信贷等领域采信诚信评价结果。对信用等级高的企业提供优惠政策和便利措施，对严重违法失信企业实施强制退出机制。建立完善旅游市场数字监管信息平台和旅游经营服务不良信息平台，开展诚信旅游示范单位创建活动，探索建立旅游相关企业和从业人员诚信记录。

三是鼓励中介机构开展企业信用和社会责任的第三方评价。鼓励发展质量信用第三方服务机构，促进质量信用产品的推广使用，建立多层次、全方位的质量信用服务市场。引导中介机构开展诚信自律等行业信用建设，定期发布企业信用报告，督促企业坚守诚信底线，提高信用水平，在消费者心目中树立良好企业形象。建立健全质量信用等级标准化制度体系，努力实现企业质量信息采集、披露、评价、使用全流程标准化。推动企业产品质量信息自我披露，公开产品质量承诺，发布质量信用报告。

四是弘扬先进质量文化。围绕弘扬社会主义核心价值观，开展企业诚信宣传教育，推动各类经营者提升质量诚信和品牌保护意识。鼓励各地采用“互联网＋”等现代化手段，建立质量主题公园、质量文化长廊、质量博物馆等质量文化载体和平台，努力形成体现时代特征、地区特色和行业特点的城市质量精神和企业质量文化，不断提升山西省质量文化软实力。

四、构建社会共治体系

质量强省工作涉及面广，任务艰巨，提升质量是全社会的共同责任。必须依靠各级、各部门和社会各界协同配合、合力推进。要加快构建政府监管、市场调节、企业主体、行业自律、社会参与，“放、管、服”相结合的大质量工作格局，形成“人人重视质量、人人创造质量、人人享受质量”的社会氛围。

一是政府要大力推进简政放权、放管结合、优化服务。继续深化政府自身改革，进一步清理取消和下放生产经营许可、质量准入等方面的行政审批事项，实施统一的市场准入制度和标准。探索将部分政府质量管理职能中的审查权、考核评价权、推荐权、仲裁权、发布权等委托、让渡给行业协（商）会。以太原获批创建“全国质量强市示范城市”为契机，深入推进山西省质量强市、质量强县建设，鼓励条件成熟的县级城市创建“全国质量强县（市）示范城市”。组织开展山西省“质量月”活动，推动全社会着力提升质量、培育品牌。

二是发挥市场在资源配置中的决定性作用。在与社会公众安全密切相关的食品、药品、电梯等领域，探索产品质量安全强制责任保险试点。建立完善符合市场规则的产品质量安全多元救济和产品侵权责任制度。建立商品质量惩罚性赔偿制度，强化消费者质量侵权损害赔偿，激发消费者主动维权意愿。

三是强化企业质量主体作用。提升质量归根到底要靠企业，质量安全的主体责任在企业。要加快建立和推行质量首负责任、首席质量官、重大质量事故报告、缺陷产品召回等制度，全面落实产品生产、流通、销售等环节企业主体责任和建设、勘察、设计、施工、监理等主体项目负责人质量终身责任。提高企业产品质量自我监督管理水平，激发企业重视质量工作的内生动力。结合“一带一路”战略，支持有实力的企业开展山西品牌海外宣传推广活动。

四是增强学会、协会、商会在质量建设中的组织、协调、服务和自律功能。鼓励商会、协会、中介组织、特邀监督员、大学生志愿者等参与质量监督，参与技术标准、质量管理、品牌建设等方面的质量服务。支持地市政府、慈善组织、社会团体共同发起设立产品质量伤害鉴定救助基金，维护受伤害急需求助的困难群众合法权益。强化消费者集体维权行动力，加强消费者保护组织的合作与授权，鼓励消费者权益保护委员会等社会组织向法院提起公益诉讼。

五是发挥新闻媒体的宣传引导和舆论监督作用。加大对山西省“中国质量奖提名奖”获奖企业宣传力度，引导企业争创中国质量奖。结合质量整治专项行动，组织新闻媒体曝光重大质量违法行为和质量安全问题，发挥负面典型警示教育作用。加强网络销售产品、金融消费品、电子信息产品等质量安全监管报道。组织开展“金融知识进万家”宣传服务月活动，不断提升公众的金融素养和自我保护能力。

五、完善法规制度体系

完善质量法规制度体系，是夯实质量和品牌提升的基础性工作中极为重要的一环，也是五大支撑体系之一。要坚持立改废并举，实现有法可依向良法可依转变。

一是协助国家开展相关质量法律法规的修订工作。积极配合国家推动开展计量法、农产品质量安全法、药品管理法、标准化地方法规、食品安全法实施条例、化妆品监督管理条例等质量法律法规的征求意见和修订工作。

二是抓紧制定一批适应山西省经济社会发展的质量法规政策。研究制定《山西省质量管理条例》。制定《山西省标准化体系建设发展规划(2016~2020年)》。强化地方标准制（修）订工作，制定《山西省地方标准管理办法》。推动工程质量管理标准化工作，编制《山西省工程建设标准化"十三五"规划》。积极参与农药残留标准制（修）订。完善交通运输地方标准规范。研究制定《山西省标准化试点示范项目管理办法》。制定医疗质量管理办法。修订完善学校食堂与学生集体用餐卫生管理规定。加强惩罚性赔偿制度建设，提高企业违法违规和失信成本，激发消费者主动维权意愿。

三是定期发布山西省质量的权威专业报告。邀请第三方机构开展以产品质量合格率、工程竣工验收合格率、顾客满意度指数、质量损失率等为核心，涵盖产品、工程、服务等领域的质量分析，编制发布《2016年山西省质量发展分析报告》白皮书。

四是建立健全科学规范的质量绩效考核评价体系。认真贯彻落实国务院和省人民政府质量工作考核办法，进一步完善考核指标体系，突出科学性、有效性、可操作性，重点抓好考核结果的运用，将质量绩效考核结果作为对各级政府领导班子和领导干部进行综合考核评价和实行问责的重要依据。

参考文献

[1] 程虹. 宏观质量管理 [M]. 湖北长江出版集团, 湖北人民出版社, 2009.

[2] 李酣, 程虹. 质量责任论 [M]. 中国社会科学出版社, 2014.

[3] 温德成. 质量责任——企业的基本社会责任 [J]. 标准科学, 2012 (10).

[4] 何林应, 江宝, 王世方. 质量管理与企业社会责任 [J]. 企业导报, 2010 (7).

[5] 王家合. 我国地方政府质量管理的障碍因素及其优化原则 [J]. 云梦学刊, 2013 (5).

[6] 张占斌, 王茹. 中国质量宏观管理体制机制研究 [J]. 行政管理改革, 2012 (3).

[7] 刘正操. 中国消费者协会的功能整合及制度重构 [D]. 华东政法大学, 2008.

[8] 吕琳, 吴茜, 李继伟, 刘皓玉. 美国质量管理体系认证发展研究 [J]. 质量与可靠性, 2016 (4).

[9] 程虹, 范寒冰, 罗英. 美国政府质量管理体制及借鉴 [J]. 中国软科学, 2012 (12).

[10] 谭狄溪, 张群祥. 国外质量管理研究现状及趋势分析——基于理论构建与研究方法视角 [J]. 科技管理研究, 2011 (19).

[11] 赵小伟. 日本企业的质量管理特色 [J]. 企业改革与管理, 2014 (1).

[12] 朱振杰. 关于日本质量管理模式在中国企业的实际运用 [J]. 经营管理者, 2015 (11).

[13] 顾成博. 欧盟产品质量安全体系的建立与运作评析 [J]. 中山大学学报 (社会科学版), 2015 (2).

［14］马小平. 宏观质量管理与质量竞争力研究［D］. 南京理工大学，2008.

［15］李酣. 中国政府质量安全责任的消费者评价及影响因素——基于2012年全国调查问卷的实证研究［J］. 宏观质量研究，2013（1）.

后　记

新常态不期而至，质量工作千头万绪。作者希望通过本书的出版发行，使社会各界对新常态下的质量工作有一个较为全面的认识和把握，也期望抛砖引玉，与有关方面和社会各界就此进行深入地探讨和交流。

本书是《山西宏观质量状况分析报告（2016）》课题的初始设计要求和既定研究步骤，也是通过出版发行渠道向社会公众宣传决策服务成果的积极探索和尝试。值此书付梓之际，特别感谢省质监局、山西大学商务学院领导的大力支持，感谢课题组同仁的无私帮助，尤其对经济科学出版社李军编辑的辛勤工作，表示诚挚地谢意。

由于编纂时间短、任务重，书中欠妥之处，敬请广大读者见谅且不吝指教。

张彦波　杨宏伟

2017 年 8 月